平清盛（『天子摂関御影』）

清盛は平治の乱に勝利して公卿に昇り，仁安元年（1166）には内大臣，翌年には太政大臣として貴族社会の頂点を極めた．清盛が公卿として束帯を着した姿を描く．

平氏の都落ち（『春日権現験記絵』）

寿永2年（1183），北陸道の遠征で源義仲に大敗した平氏は，安徳天皇を伴って西海に逃れた．この時，後白河院は延暦寺に逃れ，途中まで同道した摂政近衛基通も脱出した．

厳島神社（広島県廿日市市）

平清盛をはじめ，平氏一門の篤い信仰を集めた．現在のように海上に浮かぶ壮麗な社殿が造営されたのは，清盛が太政大臣を退いた翌仁安3年（1168）である．平氏の栄華を象徴する建物．

赤間神宮（山口県下関市）

壇ノ浦合戦で平氏一門とともに入水した安徳天皇を祀る．合戦の舞台となった関門海峡を見下ろす位置に立つ．元は安徳天皇を弔う阿弥陀寺であったが，明治になって赤間宮となった．

敗者の日本史 5

治承・寿永の内乱と平氏

元木泰雄

吉川弘文館

企画編集委員
関　幸彦
山本博文

目次

図版目次

〔口絵〕

〔挿図〕

平氏はなぜ滅んだのか　プロローグ

清盛花押

元暦《げんりゃく》二年（一一八五）三月二十四日。関門海峡《かんもんかいきょう》の壇ノ浦《だんのうら》において、源 義経《みなもとのよしつね》の猛攻の前に平氏は敗北し、滅亡した。平氏一門が擁立した安徳《あんとく》天皇、その外祖母で平清盛《たいらのきよもり》の室であった時子、そして清盛の息子で一門の軍事面の中心知盛《とももり》、清盛の弟経盛《つねもり》・教盛《のりもり》以下、多くの一門が水中に没したのである。平清盛が後白河院《ごしらかわいん》を幽閉し、平氏政権を樹立したのが治承《じしょう》三年（一一七九）十一月。それからわずか五年余り、平治《へいじ》元年（一一五九）に清盛が平治の乱を平定し、国家的軍事警察権を独占的に掌握してからでも、四半世紀に過ぎない。この間、源氏の蜂起に始まる源平争乱の展開はあまりに急激であった。

治承四年五月、平氏に対する初の反乱以仁王《もちひとおう》挙兵が勃発する。これは簡単に鎮圧したが、八月に勃発した頼朝の反乱は早期鎮圧に失敗し、十月の富士川《ふじがわ》合戦における敗北は内乱の激化・長期化を決定付けた。東海道の源氏の進撃は墨俣川《すのまたがわ》合戦の勝利でくい止めたものの、北陸における源義仲《よしなか》の反乱は激化の一途をたどり、西国とならぶ京の食料供給源である北陸を侵すことになる。寿永《じゅえい》二年（一一八三）四月、平氏は畿内周辺から数万と称される大軍を組織し北陸に送り込むが、礪波山《となみやま》・篠原《しのはら》の二度の合戦で敗北、京に迫った義仲の前に都落《みやこお》ちに追い込まれる。大宰府《だざいふ》に下向した平氏は、豊後《ぶんご》の緒方維義《おがたこれよし》（惟義、惟栄とも。以下維義と表記）の前に大宰府も追われ、阿波《あわ》の豪族田口成良《たぐちしげよし》の支援を受けて屋島《やしま》に拠点を構える。義仲と頼朝《よりとも》の代官範頼《のりより》・義経との対立の間隙《かんげき》を衝いて上洛を目指したが、寿永三年二月、摂津国《せっつのくに》の一ノ谷《いちのたに》合戦で大敗、さらに翌年二月には源義経の急襲の前に屋島の拠点を奪われ、その一ヵ月後、冒頭に記したごとく一門は安徳天皇もろともに関門海峡の藻屑《もくず》と消えたのである。

なぜ平氏は劇的に滅亡を遂げたのか。古来、多くの議論がなされてきた。

それは反乱軍である源氏の勝利と表裏一体であることから、源氏の勇猛、平氏の怯懦《きょうだ》という理解を招いた。古くは『平家物語《へいけものがたり》』（巻第五「富士川」）の記述に遡及《そきゅう》する。富士川合戦を前にした平氏軍内で、武蔵《むさし》出身の斎藤実盛《さいとうさねもり》の談話が平氏一門を震え上がらせたという有名な逸話がある。大将軍の平維盛《これもり》から「なんぢ程のつよ弓勢兵、八ヶ国にいかほどあるぞ」と問われた実盛は以下のように答えた。

　さ候へば君は実盛を大矢とおぼしめし候歟。わづかに十三束こそ仕候へ。実盛程射候者は、八ヶ国にいくらも候。大矢と申すぢやうの者の、十五束におとッてひくは候はず。弓のつよさも、した丶かなる物五六人してはり候。か丶るせい兵どもが射候へば、鎧《よろい》の二三両をも重ねてたやすう射通し候也。

　大名《だいみょう》一人と申は、せいのすくないぢやう、五百騎におとるは候はず。馬に乗っツれば落つる道を知らず。悪所をはすれども、馬をたをさず。いくさは又おやも討たれよ子も討たれよ、死ぬればば乗りこえ乗りこえ戦ふ候。

西国のいくさと申は、おやうたれぬれば孝養し、いみあけてよせ、子討たれぬればその思なげきによせ候はず。兵粮米《ひょうろうまい》尽きぬれば、春は田つくり、秋はかりおさめてよせ、夏はあつしと言ひ、冬はさむしときらひ候。東国にはすべて其儀候はず。

甲斐《かい》・信乃《しなの》の源氏共、案内は知ッて候。富士のすそより搦手《からめて》にやまはり候らん。かう申せば君をおくせさせまいらせんと申すには候はず。いくさはせいにはよらず、はかり事によるとこそ申しつたへて候へ。

すなわち、実盛の発言を要約すれば以下のようになる。まず東国武士は西国武士とは比べ物にならない強弓の使い手である。軍勢も最低でも五〇〇騎には及ぶし、馬芸にも巧みで、親族の戦死に怯《ひる》むことはない。親族の死に嘆き悲しみ、兵粮不足や暑さ・寒さを嫌う西国武士のようなことは、東国武士にはありえない。また、甲斐・信濃の源氏は地理に詳しく裏をかかれる恐れがある。

これを聞いた平氏の軍勢はすっかり怖じ気づき、やがて富士川合戦で水鳥の羽音に驚いて惨《みじ》めな敗北を喫する伏線となるのである。たしかに富士川合戦での惨敗は、平氏の弱体を痛烈に印象づける。しかし、すでに川合康氏も指摘したように、こうした平氏に対する見方は、平氏滅亡を必然とする『平家物語』独特の歴史観の所産に他ならない。

富士川合戦の敗北の前提には、駿河国《するがのくに》の目代《もくだい》橘　遠茂《たちばなのとおしげ》以下、東国の平氏家人《けにん》の殲滅《せんめつ》がある。先導者不在だから、地理に精通した相手を恐れることになる。本来、平氏にも東国の家人が存在したのである。彼らが壊滅したからこそ地理に不案内の平氏追討軍は大敗することになる。川合康氏が指摘するように、頼朝挙兵当初は、東国武士相互の闘いだったのである。『平家物語』では、勇猛な東国武士と怯懦な西国武士の対比が取り上げられるが、これでは東国の平氏家人がなぜ敗退したのかという問題が理解できない。

また、伊賀《いが》・伊勢《いせ》に居住した重代相伝の家人たちは、けっして脆弱《ぜいじゃく》ではない。平治の乱の勝利をもたらし、源平争乱でも畿内周辺の反乱の鎮圧に成功している。平氏本隊が都落ちしたあとの元暦元年六月、彼らは大規模な蜂起を行い、追討軍の大将軍佐々木秀義《ささきひでよし》を討ち取り、鎌倉側に多大の打撃を与えているのである。『平家物語』のごとく、単純に西国武士が弱体であったなどとは、とうてい結論付けることはできない。

なぜ平氏は滅亡したのか。当初から弱体な西国武士である平氏に敗北が決定付けられていたかのような、『平家物語』をはじめとする単純な見方を克服する必要がある。平氏の台頭から保元《ほうげん》・平治の乱の勝利、国家的軍事警察権の掌握と平氏の軍制など、平氏の勝利をもたらした平氏家人のあり方をまず検討する。つづいて、源平争乱における平氏の対応と、敗北の経緯を、時間を追って分析してゆくことにしたい。

I

平清盛の勝利

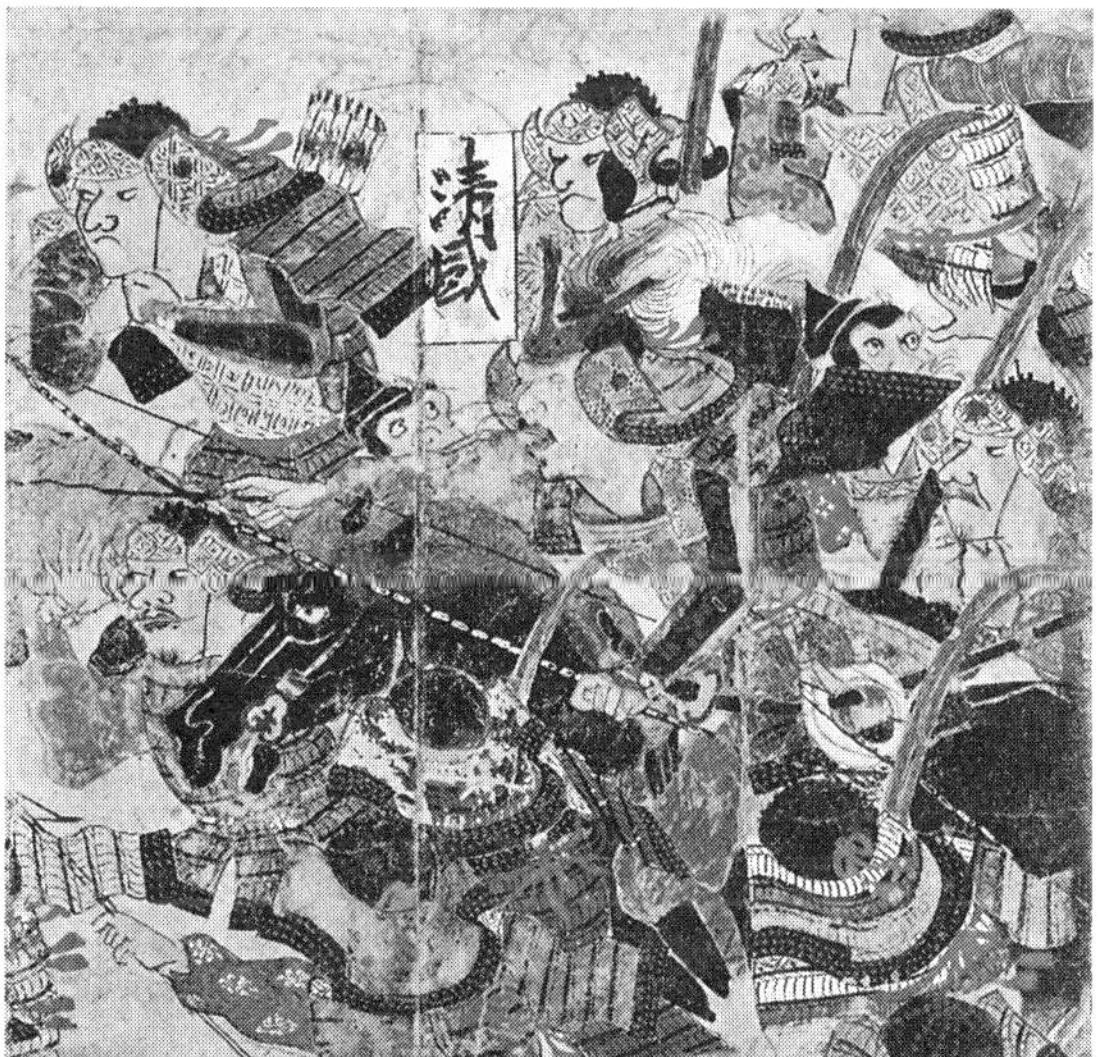

1 ── 平清盛（『平治物語絵巻』）
平治の乱で陣頭指揮する平清盛．平治の乱の勝利によって，清盛は国家的軍事警察権を掌握し，平氏政権への道を開いた．

平治元年（一一五九）、平清盛は平治の乱に勝利した。東国武士を統率して急速に台頭しつつあった源義朝《よしとも》を倒したのをはじめ、義朝を従属させ後白河院の御厩別当《みうまやべっとう》に就任し、京における武門の中心にあった藤原信頼《ふじわらののぶより》、美濃《みの》源氏の源光保《みつやす》など、競合する武士・武門を一掃し、国家的軍事警察権を事実上独占するに至った。ここに平氏政権への道が開かれたのである。

この間の武力、平氏軍制のあり方が、のちの内乱における平氏のあり方を規定することになる。本章では、正盛《まさもり》から平治の乱までの平氏の軍事活動、組織した武力の特色について検討することにしたい。

1　京武者平氏

正盛の台頭

伊勢平氏は、平将門《たいらのまさかど》の乱《らん》を鎮圧した貞盛《さだもり》の子維衡《これひら》が伊勢に拠点を築いたことに始まる。維衡は藤原道長《みちなが》らに伺候《しこう》するが、伊勢の所領をめぐる内紛を引き起こし、しばらく政治的地位を低迷させることになる。同じ武士でも、河内《かわち》源氏が地方の反乱を相次いで鎮圧し、貴族社会で注目されていたのとは大きな違いである。

貴族社会の位階制度で、五位は大きな意味をもつ。五位以上の者はさまざまな特権を与えられており、「貴族」と称される存在で、六位以下とは大きな身分差があった。河内源氏は、基本的に五位以上の位階をもち、受領《ずりょう》を歴任していた。これに対し、伊勢平氏は維衡の曽孫正盛のころには、受領に郎従《ろうじゅう》として仕える立場に転落していたのである。伊勢平氏は概ね六位で過ごしたのち、ようやく五位に到達できる「侍品《さむらいぼん》」となっていた。

その正盛が、伊勢平氏を大きく飛躍させるきっかけを摑んだ。彼は『平家物語』によると、院近臣《いんのきんしん》藤原為房《ためふさ》・顕季《あきすえ》らに郎従として仕え、白河院に接近する機会を得た。そして、院が皇女郁芳門院《いくほうもんいん》の菩提を弔うために建立した六条院に伊賀国鞆田荘《ともだのしょう》を寄進《きしん》した正盛は、院の北面《ほくめん》に加わり、山陰諸国の受領を歴任することになる。そして、因幡守《いなばのかみ》在任中の嘉承《かしょう》三年（一一〇八）正月、近隣の出雲《いずも》で反乱を起こした河内源氏の嫡男源義親《よしちか》を討伐したのである。

これを機に、正盛は「第一国」但馬守《たじまのかみ》に遷任し、丹後守《たんごのかみ》を経て、瀬戸内海に面した備前《びぜん》・讃岐守《さぬきのかみ》を歴任、位階も侍品では考え難い従四位下に至る。そして河内源氏に代わる武士の第一人者として、悪僧の防禦《ぼうぎょ》・瀬戸内海の海賊追捕に活躍し、その後の伊勢平氏発展の基礎を確立したのである。

正盛が率いた武力の実態は不明確であるが、義親追討から帰京する際の武力の有様を、当時権中納《ごんちゅうな》言《ごん》の座にあった藤原宗忠《むねただ》の日記『中右記《ちゅうゆうき》』から見ることができる。これによると、正月二十九日、矛《ほこ》に刺した義親および、その郎従の首とともに凱旋《がいせん》した。首のまわりを四、五十名の歩兵が囲繞《いにょう》し、騎馬の正盛に続いて郎等《ろうとう》・郎従が各々一〇〇人ずつ従っていた。このうち遠征先から同行した武士がどの程度含まれているのかは不明確であるが、正盛が京に動員できた武士はおおむね二四〇～二五〇騎ということになる。

また注目されるのは、追討後の論功行賞で、正盛の叔父平季衡《すえひら》の孫にあたる平盛康《もりやす》・盛良《もりよし》がそれぞれ左右兵衛尉《さゆうひょうえのじょう》に補任されたことである。彼らは正盛の養子として官職を得たとされるが、一門傍流の家人化のあらわれとみられている。忠盛《ただもり》・清盛重代相伝の腹心として知られる家貞《いえさだ》も、やはり季衡流であり、彼の父季房《すえふさ》が正盛の時に家人化したとされる。正盛流の政治的地位の確立が、こうした動きを生んだのである。

家人化した一門も衛府《えふ》などの官職を帯びる軍事貴族であり、伊勢平氏は正盛流を中心とする軍事貴族の連合体という形態をとっていた。当主源為義《ためよし》の低迷で、傍流が分立し嫡流と競合するようになる河内源氏とは大きく異なっていたのである。なお、平家貞一族が伊賀国鞆田荘の預《あずかり》となったように、こうした平氏家人の拠点はおおむね伊賀・伊勢であった。このことは、依然としてこの両国が平氏の基盤であることを物語る。

伊勢平氏の軍事編制

院政期には、伊勢平氏のほか、武門源氏系統の摂津・大和《やまと》・河内・美濃源氏、源満仲《みつなか》の弟満政《みつまさ》など、多数の軍事貴族が京に併存していた。河内源氏のように東国・奥羽における反乱鎮圧に活躍し、地方に名声を得て、家人を拡大した者もあった。彼らは、家人を権門の荘園の管理者である荘官に任ずるなどして、地方武士との主従関係を維持していた。しかし、河内源氏は義家《よしいえ》没後に見る影もなく没落していたし、また在京活動では、京周辺の武力が基盤となっていた。

こうした源平の武士団は、それぞれ国名を称するように、五畿内や京近郊の国々に重代相伝の所領を有し、その所領に居住する武士団を在京活動の基盤としていた。所領の規模はさまざまであるが、おおむね一郡程度のものであった。当時の武士団としては大規模なものであったが、他地域に進出する機会が稀《まれ》なだけに、家人の範囲には限界があった。

そして、彼らは五位程度の位階をもち、上は受領から、検非違使《けびいし》・衛府などにいたる官職を帯する存在であった。政治的地位は当時の中・下級貴族程度であり、また所領や経済基盤も限られているため、摂津源氏において、頼光《よりみつ》の孫頼綱《よりつな》が関白《かんぱく》藤原師実《もろざね》の家司《けいし》・厩別当となり、所領多田荘《ただのしょう》を摂関家に寄進したように、摂関家・院といった権門に従属する存在であった。たとえば、摂津源氏・大和源氏、院政期の河内源氏らは摂関家に、美濃源氏・伊勢平氏らは院の北面に、それぞれ組織されていたのである。こうした存在を史料用語によって「京武者《きょうむしゃ》」と規定する（『中右記』天永四年四月三

2——摂津源氏系図

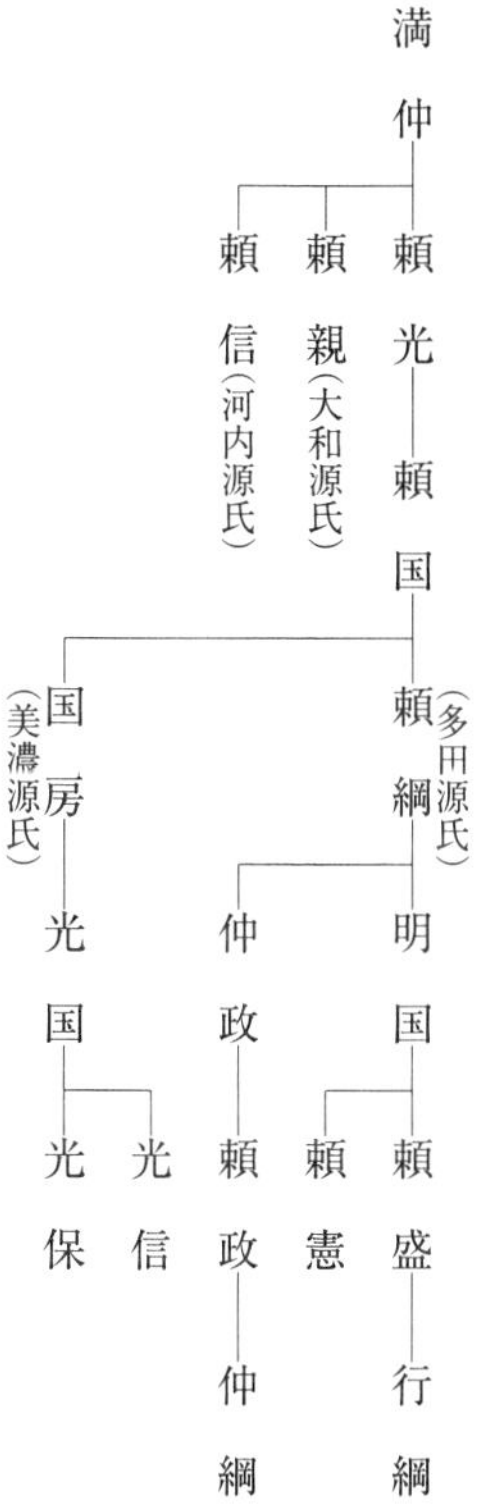

十日条)。

京武者の典型的な存在として、源平争乱の嚆矢《こうし》として滅亡した源頼政《よりまさ》を挙げることができる。彼は摂津源氏に属し、頼光の子孫に当たる武将である。武門源氏で初めて三位に昇り、源三位《げんざんみ》と称されたことはよく知られている。頼政は、鳥羽院《とばいん》と美福門院《びふくもんいん》との皇女で、当時最大の荘園領主とされた八条院に長年仕えていたことから、治承四年（一一八〇）五月、八条院の猶子《ゆうし》以仁王の挙兵に参戦した。そして、基盤とする渡辺党《わたなべとう》の武士団、八条院の蔵人《くろうど》や同院領の荘官などの武士たちとともに平氏と戦い、一族の多くは以仁王と運命をともにしていった。

基本的に所領の武士団を中心とし、権門の家政機関に従属し、家産機構を通して連携した武士と行動をともにする。ここに、院政期にみられた京武者の基本的な行動形態が存したのである。頼義・義家の段階に東国の反乱を鎮圧した河内源氏の場合でも、大きく異なるわけではない。側近は河内の所領を中心とした武士団であり、東国にも三浦《みうら》・波多野《はたの》などの家人があったが、彼らは摂関家などの荘官となっており、摂関家の家産機構を通して関係を継続していたのである。

正盛当時の伊勢平氏も、これと同様の存在であった。ただ、その後の政治的地位の上昇もあって、伊勢平氏は活躍の幅を拡大し、武力組織も変化していった。たとえば、元永《げんえい》二年（一一一九）、平正盛は白河院の命を受けて、肥前国仁和寺領藤津荘《ひぜんのくににんなじりょうふじつのしょう》の荘官平直澄《なおずみ》を討伐した。院の下で荘園制の秩序を守ることが、武士の第一人者となった正盛の役割であった。この時、凱旋した正盛は一〇〇騎を従えていたが、その多くは西海・南海の「名士」であったという。西国における追討行為を通して、地方豪族との関係を締結する機会が増えていたことがわかる。

忠盛の活躍

正盛のあとを継いだ忠盛も、白河院の近臣として活躍した。彼は下北面に止まった父と異なり、院庁《いんのちょう》において判官代《ほうがんだい》をつとめるなど、実務的な活動も示している。大治《だいじ》四年（一一二九）に白河院死去によって鳥羽院政が開始されたあとも、院近臣としての立場を変化させることはなかった。そして天承《てんしょう》二年（一一三二）には鳥羽院の御願寺《ごがんじ》得長寿院《とくちょうじゅいん》を白河の地に建立し、伊勢平氏初の内昇殿《ないしょうでん》を許されたのである。その後も、鳥羽院庁の別当として、院近臣の中心という立場を保持することになる。

むろん彼も、父と同様に京における武士の第一人者として、強訴の防禦や瀬戸内海の海賊追討を担当する。長承四年（一一三五）四月、瀬戸内海で海賊が蜂起した際、忠盛は河内源氏の為義とともに追討使の候補となった。この時、忠盛は備前守として便宜がある上に、公卿たちは「西海に勢あるの聞こえあり」として忠盛を追討使に推挙している（『長秋記《ちょうしゅうき》』四月八日条）。

再三の海賊追討や軍事活動を通して、伊勢平氏の名声は西国に浸透しており、その評判は貴族たちにも知悉《ちしつ》されていたのである。『平家物語』でも知られるように、平清盛は備前国の難波《なんば》氏、備中国の瀬尾《せのお》（妹尾とも、以下瀬尾）氏といった山陽道の武士団と緊密な主従関係を締結しているが、その基礎は忠盛の段階に形成されていたことになる。ちなみに、この海賊追討の結果、忠盛は海賊七〇名

3――藤原頼長

を京に連行するが、その多くは賊徒ではなく、忠盛の家人ではない者を賊と称して連行したと噂された。強引な「家人」拡大の様子がうかがわれる（『長秋記』八月十九日条）。

この時、正盛の伯父貞衡《さだひら》の子孫惟綱《これつな》が右兵衛少尉に補任されている。ここでも一門が家人化しており、軍事貴族の地位を得ていたことがわかる。実際に追討作戦を指揮したのが、この惟綱とみられている。また嫡男清盛も従四位下となっているが、彼は父の譲りを受けたもので、合戦に参加したとは考え難い。

さて、忠盛の軍事的な活動として忘れてはならないのは、鳥羽院の御厩別当となったことである。この役職については、高橋昌明氏の研究に詳細であり、氏の研究にしたがって忠盛の役割を検討してみよう。

院御厩別当は、院に属する牧《まき》を管理して軍馬を統括するとともに、院の御幸《ごこう》に際して車後《くるまじり》に随行して警護を担当する、親衛隊長ともいうべき存在であった。忠盛以前から藤原家保《いえやす》・家成《いえなり》父子など有力な院近臣が補任されてきたが、武士としてこの地位を得たのは忠盛が最初である。忠盛は畿内周辺の牧を支配下におさめたごとくで、彼は河内国会賀《えが》・福地牧《ふくちのまき》などを知行している。また、山城国久世郡《やましろのくにくぜぐん》の美豆牧《みずのまき》も、忠盛の時期か否かは不明だが、平氏領となっている。平氏は、その地の武士団を組織してゆくことになる。

また、会賀・福地牧は後院領として王家に伝領される所領であり、肥前神崎荘《かんざきのしょう》の預所《あずかりどころ》となったことも含めて、忠盛が王家家産機構の中枢に関与していたことを示す事態とされる。忠盛が、鳥羽院政の下で果たした役割の大きさがうかがわれよう。忠盛が仁平《にんぺい》三年（一一五三）に死去したあとは、鳥羽院が死去するまで清盛が御厩別当を継承する。ところが、保元三年（一一五八）に開始された後白河院政において、その地位は藤原信頼に奪われることになるのである。このことの衝撃の大きさが推察できよう。

さて、忠盛は備前守を重任《ちょうにん》したあと、美作《みまさか》・尾張《おわり》・播磨守《はりまのかみ》を歴任し、任国においても勢力を扶植《ふしょく》したものと思われる。仁平三年に彼が死去した際、左大臣《さだいじん》藤原頼長《よりなが》は「奴僕、国に満つ」と称したのである（『宇槐記抄』正月十五日条）。このようにして、正盛が形成した伊賀・伊勢の所領を継承した忠盛は、海賊追討や受領として諸国に家人を獲得、さらに王家の家産機構を通して、武士団との結合を進めていったことになる。これを継承したのが、清盛であった。

2 保元・平治の乱における清盛軍

保元の乱の軍事編制

保元元年（一一五六）七月十一日未明、後白河天皇の命を受けた平清盛・源義朝・同義康《よしやす》は、それぞれ三〇〇、二〇〇、一〇〇騎を率いて、白河殿に立てこもる崇徳上皇《すとくじょうこう》・左大臣藤原頼長攻撃に出立した（『兵範記《ひょうはんき》』）。京における緊急事態に際し、最大の武力を動員できたのが平清盛、すなわち伊勢平氏だったのである。

もっとも清盛の動員については、一波瀾《ひとはらん》があった。忠盛の正室であった藤原宗子が、崇徳の皇子重仁《しげひと》の乳母だったことなどから後白河陣営に警戒され、当初平氏一門は動員されなかったのである。『愚管抄《ぐかんしょう》』（巻第五「安徳」）によると、この時、宗子は自身の子頼盛《よりもり》に「ヒシト兄ノ清盛ニツキテアレ」と命じたために、清盛とともに後白河陣営に参戦したとされる。清盛と頼盛の対立、兄弟分裂の可能性、そして一門内部における頼盛の独立性を物語る。

清盛の軍勢の内訳については『保元物語《ほうげんものがたり》』（上「主上三条殿ニ行幸《ぎょうこう》ノ事付官軍勢汰ヘノ事」）にのみ記されている。軍記物語だけに信憑性には限界があるが、そこから一定の特色を見出すことは可能であろう。なお、同書は清盛軍を六〇〇騎としており、『兵範記』の人数の倍となっている。軍記物語の誇張とも考えられるが、動員した人数と、出撃に際し随行した人数の相違という可能性もある。

それはともかく、清盛が動員した軍勢は次のような構成であったという。まず弟頼盛・教盛・経盛、子息重盛《しげもり》・基盛《もともり》の一門、筑後守《ちくごのかみ》平家貞、その子貞能《さだよし》など、譜代家人を中心とする軍事貴族層、そして伊藤景綱《いとうかげつな》父子や山田是行《やまだこれゆき》など、伊勢・伊賀を拠点とする古くからの家人たちが中心であった。

このうち弟たちは、頼盛と同様、一定の自立性を有した軍団で、清盛軍はその連合体だったと考えられる。一方、伊賀・伊勢の家人たちは全軍を鼓舞すべく先頭を切って源為朝《ためとも》と対決しており、伊藤景綱の子伊藤六《ろく》や是行が討ち死にをしている。伊勢の家人は、人数だけではなく、軍事行動においても中心的な役割を果たしていたことになる。

伊賀国は三名で少ないように見えるが、家貞一族も伊賀の鞆田荘の沙汰人を勤仕しており、伊賀と関係深い武士団である。他の地域の出身者としては、畿内の美豆牧に居住する左近将監《さこんのしょうげん》一族、河内の草香《くさか》一族、そして備前の難波一族、備中の瀬尾兼康《かねやす》などが見られるに過ぎない。

これらを通して、清盛の叔父忠正《ただまさ》を除く一門の大半が結束していたこと、摂関時代からの累代相伝の拠点である伊賀・伊勢を基盤とした武力が中心となっていることが明らかとなる。いわば院政期以来、伊勢平氏の在京活動を支えてきた、伊賀・伊勢といった所領の武力を中心とする軍事編制であった。

後述するように正盛以来、伊勢平氏は代々海賊追討などの遠征を通して地方武士との主従関係を形成しているが、山陽地域の武士は難波・瀬尾が動員されたに過ぎない。彼らとは地方における追討行為での提携はあったが、京に動員することには限界が存したのだろう。こうしてみると、伊勢平氏では一門と本領に関係する武士団が、在京活動における武力の中心となっていたのである。

このように、重代相伝の本領と関係する武士団を中核とし、その周辺に若干の同盟軍的な地方武士を組織する形態は、保元の乱以前における京で軍事・警察を担当した武士たち、源氏・平氏の五・六位の位階を有した軍事貴族である京武者と共通していた。こうした武士は、本領の武士団を統率しながら主として京で活躍しており、それ以外の地方武士と結合する機会はごく稀であった。

むろん、受領としての赴任、追討行為を通して地方武士を組織化する機会はあったが、これらは時期も地域も限定されており、大きく発展することは困難であった。また、源頼政と下河辺《しもこうべ》氏、河内源氏と波多野・三浦氏のように、権門に対する荘園寄進の仲介や荘官推挙などによって主従関係を締結することもあった。こうした場合は長期にわたる結合も可能であったが、やはり広汎な組織化は不可能で、その数も限られたものであったと考えられる。

保元の乱における平清盛の武力は、まさしくこうした京武者の軍事編制が肥大化したものであることを物語っている。それは、平治の乱においても、基本的に同様の形態であったし、さらには家人・非家人の矛盾を生じた平氏政権・源平争乱段階における軍制をも規定したのである。換言するならば、平氏の軍制は京武者のそれが肥大化した当然の帰結であったことになる。

平治の乱の勃発

平治元年（一一五九）十二月、清盛はわずかな供と熊野《くまの》参詣に向かった。その途中、紀《き》伊国《いのくに》二川宿《ふたがわしゅく》において、彼は仰天すべき早馬に接した。京で藤原信頼らが源義朝の武力を用いて後白河の院御所三条殿を急襲し、院の腹心信西《しんぜい》を殺害、二条天皇・後白河院を幽

4—藤原信頼関係系図

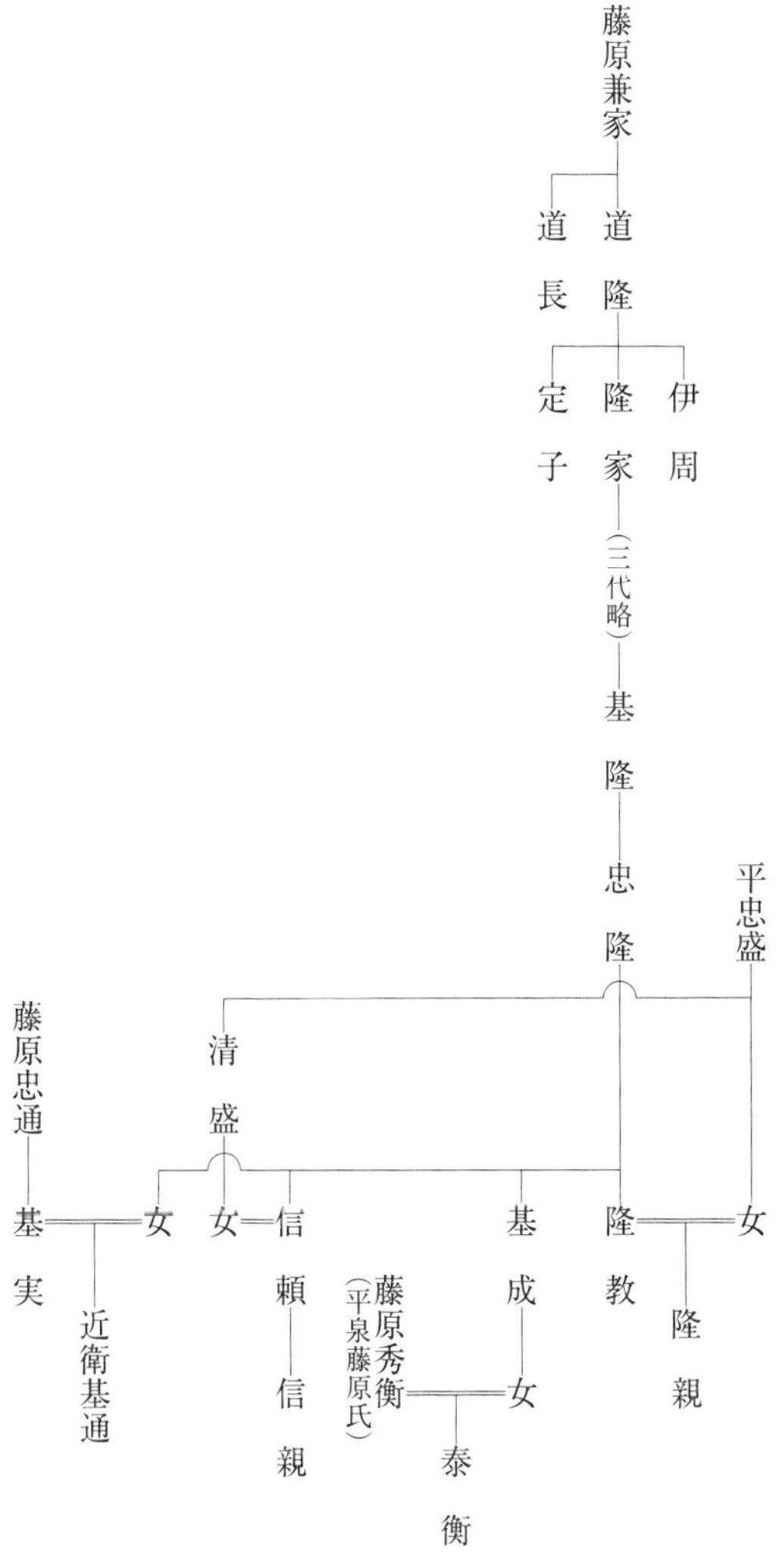

閉したという。平治の乱の勃発である。

保元の乱において、清盛はわき役を演じたに過ぎなかった。これに対し、平治の乱における勝利こそが、清盛の政治的地位を飛躍的に上昇させることになる。しかし、清盛は乱の勃発を想定しておらず、まさに寝耳に水という状態であった。通説では、乱の背景に院近臣信西と藤原信頼、武家棟梁である清盛と義朝との対立が想定され、清盛は当初から信西と結んでいたとされるが、それは事実とは異なっている。

乱の根本的な原因は、保元の乱後、政治の実権を掌握した信西と、伝統的な院近臣たちとの対立にあった。信西は敏腕を示したが、身分の低い彼が人事を含む政治を動かしたこと、さらにその一族が重要な地位を独占したことから、伝統的な院近臣らの反発が強まったのである。反信西の中心となったのが藤原信頼であった。

『平治物語《へいじものがたり》』は彼を文武の才能もなく、ただ院の寵愛《ちょうあい》のみで成り上がったとするが、これは大きな誤りである。信頼の長兄隆教《たかのり》は早世したが忠盛の女婿であったたし、また信頼自身も息子信親《のぶちか》を清盛の婿としており、伊勢平氏とも強い姻戚関係を有していた。さらに、次兄基成は平泉《ひらいずみ》に居住し、平泉藤原氏の当主秀衡《ひでひら》を婿としていたから、平泉藤原氏も統制の下にあったと考えられる。そして、基成以降、代々受領は信頼の一門であったから、陸奥《むつ》は信頼の知行国でもあった。

それればかりではない。源義朝はわざわざ陸奥国に使者を派遣して武力を支える駿馬《しゅんめ》や武具の原材料を購入していた。また、後白河天皇践祚直後の久寿《きゅうじゅ》二年（一一五五）八月、義朝の長男義平《よしひら》は武蔵で叔父義賢《よしかた》を殺害した。この事件は、河内源氏の内紛であると同時に、ともに後白河側近である義朝と国守信頼との連携による、反後白河派の藤原頼長家人の討伐でもあった。その後義朝は武蔵国に進出して多くの家人を獲得することになる。このように義朝は陸奥・武蔵両国を通して、その知行国主信頼に従属したのである。

以上のように、信頼は伊勢平氏・平泉藤原氏・義朝と密接な関係を有する武門の中心というべき立場にあった。それゆえに、保元三年に設置された後白河院の御厩別当に任じられたのである。鳥羽院政期に、父忠盛から院御厩別当を継承していた清盛にとって、信頼は厳しく競合する存在に他ならない。信頼は、信西の息子藤原成憲《しげのり》を婿に迎えようとしていたことからも清盛を警戒し、その留守を狙って挙兵を敢行した。

天皇・上皇の身柄を確保され、わずかな供と旅先にあった清盛は、窮地に追い込まれた。しかし、京における名声が彼を救うことになる。まず紀伊の豪族湯浅宗重《ゆあさむねしげ》は三七騎の武士を、そして熊野別当湛快《たんかい》は清盛一行に武具を提供した。これに励まされ京に向かった清盛は、途中で伊賀・伊勢の郎等と合流、無事入京を果たすのである。

迎撃しなかった信頼・義朝の失策といえるが、東国からわずかな武力しか動員していなかった義朝に迎撃する余裕はなかった。また息子信親を清盛の女婿としていた信頼は、帰京後の清盛が協力して

5── 三条殿夜襲（『平治物語絵巻』）

くれることを期待していたのである。京周辺に名声と多くの郎等を有したことと、多様な政治的連携とが、清盛の身を守ったといえる。

帰京した清盛は、信頼に対し名簿《みょうぶ》を提出して従属の意を示すとともに、婿としていた信頼の息子信親を送り返した。『古事談《こじだん》』によると、信親の警護に当たった清盛の郎等たちは、難波三郎経房《つねふさ》、館《たち》太郎貞安《さだやす》、平治郎馬允盛信《もりのぶ》、伊藤景綱であったという。難波は保元の乱にも名前があがった備前の武士、館・伊藤は阿倍野《あべの》で清盛を出迎えたとされる伊勢の武士である。保元の乱と同様の武士たちが主力を占めていたこと、そして清盛が迅速《じんそく》に京周辺の主要な郎等を招集していたことがわかる。

その後、二条天皇側近の藤原経宗《つねむね》・惟方《これかた》は清盛に接近し、たくみに天皇を六波羅《ろくはら》に脱出させた。後白河も仁和寺を経て六波羅に向かい、藤原信頼・源義朝は内裏《だいり》で孤立した。ここで清盛は軍勢を内裏に派遣する。

清盛の勝利

平治の乱における平氏軍と源氏軍との衝突について、『百練抄《ひゃくれんしょう》』平治元年十二月二十六日条は、「官軍を大内に遣はし、信頼卿已下《いか》の輩《ともがら》を追討す。官軍分散し、信頼の兵、勝ちに乗じて襲来し、六条河原に合戦す。信頼・義朝ら敗北す」と述べている。六波羅から内裏を襲撃した平氏軍が分散したため、勢いを得た信頼・義朝側が六波羅に殺到したものの、六波羅邸前の六条河原の合戦で信頼・義朝は敗退したという。

『愚管抄』『平治物語』によると、六波羅から出撃した大将軍が清盛の嫡男重盛と、弟頼盛であった。重盛が、清盛直属の軍勢を統率するのに対し、頼盛がやや独立した軍団を統率していたと考えられる。ただ、六波羅で清盛が総大将であったことを考えれば、頼盛が清盛の統制から自立していたとする見方には俄《にわか》に賛同できない。

『平治物語』では、平氏側は「敵をたばかり出し引きしりぞ」いたとあり、退却は源氏側をおびき出す方策であったとする。しかし、重盛は馬を射られたり、鎌田正家《かまたまさいえ》に襲われたりしたところを、郎等「与三左衛門尉かげやす」に救われたとする。郁芳門を攻めた頼盛は、どういうわけか待賢門《たいけんもん》に通じる中御門大路《なかみかどおおじ》を退却しており、鎌田正家の郎等の熊手に引っかけられながら、平氏重代の名刀抜丸によって危機を逃れた。さらに郎等藤内太郎が敵七、八騎を倒し、刺し違える間に、ようやく六波羅に逃げ帰ったとする。

しかし、『愚管抄』によると、義朝はすぐに京の町中に駆け込み、小路で郎等とも散り散りになったとあり、門で平氏側と交戦したか否かは疑問である。義朝にしてみれば、天皇不在でもぬけの殻となった内裏に固執する意味はないので、最後の一戦をめざして六波羅に迫ったとする『愚管抄』の記述に従うべきであろう。したがって、すでに日下力氏らが指摘するように、待賢門などで華々しい合戦が繰り広げられたとする『平治物語』の記述は事実とは考え難い。

六波羅に帰還した平氏軍についても、『愚管抄』に「カチテノ上ハ心モオチ居テ見物ニテコソアリケレ」とあるように、勝利を収めて帰還したので、その姿を貴族たちも落ちついて頼もしく眺めていたという。おそらく、義朝軍は散り散りになって、一部が平氏側と遭遇したのであろう。あるいは平氏の大軍に殲滅されるのを防ぐために、わざと分散したのかも知れない。平氏側は内裏奪回のために、あえて退いて源氏側を内裏から引き離す作戦をとったのであろう。これにつられて六波羅に迫ったことが、「勝ちに乗じ」と記されたものと考えられる。

6―二条天皇六波羅行幸（『平治物語絵巻』）

合戦の実態はともかく、ここでも伊賀・伊勢の重代相伝の家人の活躍が特筆されている。やはり、平治の乱においても、こうした本領に居住する武士団が、平氏方武力の中心となったのである。

『愚管抄』によると、ともかくも義朝らは六波羅に到達し、一時は邸宅の際まで駆け寄ったが、清盛は動じることはなかった。『平治物語』は、義朝の軍勢を一族・郎等をあわせて二〇騎余りとし、

『愚管抄』も敗北した義朝軍が一〇騎余りになったとする。これは戦死者や逃亡者が出て減少した結果だが、いずれにしても、もともと小人数であったことに相違はない。本領の東国から限られた武力しか動員できない義朝の敗北は当然のことだったのである。

天皇・上皇を掌握され、京を占領されたこと、しかもわずかな供人しか連れていなかったことで、当初さすがの清盛も動揺したが、京周辺で圧倒的な武力を有していた彼は、二条天皇の行幸によって勝利を決定したといってよい。保元・平治の乱を通して、清盛は最終的な勝者となった。その成果はきわめて大きなものがあった。反面、清盛はごく限定された武力によって勝利を得たに過ぎない。このことが、その後の平氏の軍制を規定する面もあったのである。

3 勝利の成果と限界

最後の勝者清盛

清盛が平治の乱の勝利によって得た成果の一つは、武士として初めて公卿《くぎょう》の地位を得たことである。彼は、乱の翌年、永暦《えいりやく》元年（一一六〇）六月、正四位下から一気に正三位に昇進して公卿の仲間入りを果たした。ついで参議《さんぎ》として議政官に加わることになる。とはいえ、信西のような政治的能力に欠ける彼には、公卿として政界を動かすことは望み難いことであった。

清盛にとってより大きな成果は、国家的な軍事警察権を事実上独占したことである。平治の乱によって、多くの武士を組織して武門の中心にあった藤原信頼、さらに河内源氏の棟梁源義朝、美濃源氏の源光保など、清盛に対抗しうる有力な武門が壊滅した。この結果、地方で発生した大規模な反乱の鎮圧、京の治安維持、荘園の管理といった役割は、清盛をはじめとする平氏一門が一手に引き受けることになった。この結果、武力を通して清盛は政治に関与することも可能となったのであり、公卿昇進などよりも大きな意味をもったといえよう。

諸権門も、家産機構を支配する武力を清盛に依存することになる。まず後白河院の御厩別当も、平治の乱の翌年に清盛の手に落ちた。先述のように、鳥羽院政期において、院御厩別当の地位は父忠盛、そして清盛へと継承されたが、保元三年（一一五八）の後白河院政開始とともに信頼に奪われていたのである。清盛は院の軍事的支柱を象徴する重職を奪回したことになる。

その後、長男重盛に譲るまで、清盛は一一年にわたってその地位を守った。重盛以後も、宗盛《むねもり》・知盛と、平氏一門がこの地位を独占してゆく。後白河院が、平氏の武力に依存していたことを明示する。ただし、平氏はけっして一枚岩ではなく、清盛と後白河に近侍する重盛との対立が、後白河と清盛との亀裂を大きくしてゆくことになる。一門の分立という点は、平氏の弱点の一つであった。

権門との関係という点で、清盛にとってより重大な意味をもつことになるのは、長寛《ちょうかん》二年（一一六四）に関白藤原基実《もとざね》を婿に迎えたことである。基実は、すでに述べたように、平治の乱直前に信頼の妹と結婚していた。しかし、信頼の滅亡で荘園管理の武力を喪失したことから、今度は清盛の娘盛子を正室として迎えることになったのである。清盛は、摂関家を武力面で後見することになる。まさに信頼と同じ立場を得たことで、清盛は政治に関与するに至った。清盛は後白河の御厩、ついで摂関家領を管理することになる。ここに、荘園領主たちが清盛に依存する姿が浮き彫りになるのである。

一方、永暦元年五月、清盛は腹心の筑後守平家貞を派遣して、肥前国で日向通良《ひゅうがみちよし》を追捕している（『百練抄』五月十五日条、『源平盛衰記《げんぺいじょうすいき》』巻第二「日向太郎通良懸首」）。当時、清盛は大宰大弐《だざいのだいに》であったから、この事件は大弐としての任務といえる。だが、これ以降、諸国で発生する大規模な兵乱は、清盛をはじめとする平氏が独占的に鎮圧を担当することになる。

仁安《にんあん》二年（一一六七）五月十日、嫡男平重盛は東海・東山・山陽・南海諸道の賊徒追討を後白河から命じられる（『兵範記』）。これは、具体的な追討行為がないことから、事実上の国家的軍事警察権を委ねられたものと解釈されているが、その起源は平治の乱後の清盛の立場に求めることができるだろう。

清盛は国家的軍事警察権を独占し、権門の家産機構を支配した。まさに武門の第一人者という地位に到達したのである。しかし、清盛は政治力と同様に、武力の面でも大きな限界を有したことを忘れてはならない。

清盛は保元・平治の乱の最終的な勝者となった。とくに平治の乱の勝利によって国家的軍事警察権を獲得したことは、清盛の立場を大きく変化させたのである。しかし、これらの兵乱で統率した武力は、先述のように伊賀・伊勢の本領を中心に、海賊追討などで得た限られた地方武士に過ぎないのであり、平治の乱で勝利した後も、それは大きく変化するものではなかった。

「家人」と「かり武者」

たしかに国家的軍事警察権を獲得したことで、平氏は全国的に軍事活動を行うことになる。この結果、各地で家人を獲得するが、それは平氏が解決した紛争の当事者など、偶発的な契機で結合したに過ぎず、数の上では限られたものでしかなかった。このため、大規模な反乱などに対応するためには、院・朝廷の命令で国衙《こくが》に組織された地方武士を動員しなければならないのである。

時代は下がるが、安元《あんげん》三年（一一七七）五月、延暦寺《えんりやくじ》の強訴《ごうそ》に怒った後白河院は、清盛に延暦寺攻撃を命ずるとともに、近江《おうみ》・美濃・越前《えちぜん》三ヵ国に対して国内武士の注申を命じている（『玉葉《ぎよくよう》』五月二十九日条）。大規模な追討活動では、平氏独自の軍勢と、院・朝廷の命令によって動員される多くの諸国武士という二元体制が存在していたのである。

先述したように、かつて源義親の追討に際して平正盛は京から随兵を統率するとともに、朝廷の命によって近隣五ヵ国の武士を動員していた。もちろん規模は異なっているが、清盛の段階となっても家人と公的動員という大枠は変化していなかったのである。すなわち、平治の乱以降の平氏の武力は、本領中心の武力に依存した京武者のあり方の肥大化といえるであろう。

こうした軍事体制が、『平家物語』が説く「家人」と「かり武者」という問題につながることになる。平氏の恩恵を受け忠節を尽くす、わずかだが精強な「家人」と、強制的に動員されたために戦意も低い多くの「かり武者」という矛盾を生み出したのである。軍事活動が小規模であれば、こうした体制がさほど問題を惹起《じゃつき》することはないが、源平争乱のような大規模内乱において矛盾が露呈することになる。

また、源義朝以下の滅亡で競合する武家棟梁が不在となり、軍事的緊張が欠けていたために、積極的な家人獲得などが行われることもなく、こうした軍事体制から脱却する動きをとどめる結果になった。しかも、国家的軍事警察権を独占して唯一の官軍となった以上、院・天皇の命令を利用することで地方武士は容易に動員できた。したがって、ことさらに主従関係を拡大する必要もなかったのである。

鎌倉幕府は、平氏政権という巨大な軍事権門と戦い、また東国武士・源氏相互の戦闘という自力救済を勝ち抜いて成立した。このため、多くの東国武士を統率・組織するために、王権から相対的に自立した独自の権力を創出していく必要があった。これに対し、清盛の権力は、武士の動員を基本的に王権に依存せざるを得ない点で、鎌倉幕府とは大きく異なっていたのである。

その意味で、平氏の軍事力は朝廷の機構の一部を構成するものに止まっており、鎌倉幕府とは全く異なる権力であった。したがって、鎌倉幕府よりも貴族的であるなどという批判も甘受すべきであろう。しかし、逆に王権と結合するがゆえに、王権と齟齬《そご》をきたした場合には、王権そのものを改変し従属させることも可能となったのである。

王権の葛藤と平氏

平治の乱後、中継ぎとはいえ父院である後白河が院政を行うべきとする勢力と、本来正統な帝王に位置づけられた二条が親政《しんせい》を行うべきとする勢力が対立した。清盛は、その両者の間で巧みに「アナタコナタ」したとされる（『愚管抄』巻第五「二条」）。これは、清盛の如才《じょさい》なさを示すものではあるが、逆に政界を思いどおりに動かすことができない、彼の力量の限界を示すものでもあった。

その背景には、先述した政治力不足、武力を王権に依存するだけに、王権をめぐる葛藤《かっとう》に慎重に対処せざるを得ないという問題があった。同時に、一門の政治的な立場が多様であったことも関係していたのである。

清盛の室時子の妹滋子は後白河の寵愛を受け、応保《おうほう》元年（一一六一）に皇子を出産した。のちの高倉《たかくら》天皇である。当時、二条天皇に皇子がなかっただけに、後白河院周辺には皇子擁立《ようりつ》の動きがあった。このため、これを警戒した二条親政派の圧力によって、滋子の異母兄時忠《ときただ》、清盛の弟教盛が、院近臣である右馬頭《うまのかみ》藤原信隆《のぶたか》、藤原成親《なりちか》らとともに解官されるに至った（以上『愚管抄』巻第五「二条」）。

清盛は、平治の乱後に時子が二条天皇の乳母となっていたこともあって、天皇の正統性を認めており、今回の義弟や異母弟の行動に同調することはなかった。彼らの処罰の背景に、清盛の承諾があったと考えられる。しかし、こうした行動が表面化したことは、清盛の一門に対する統率力の限界を物語る。

翌応保二年、後白河院政が停止され二条親政が確立すると、清盛は同年三月に押小路東洞院《おしこうじひがしのとういん》に造営された二条天皇の里内裏《さとだいり》を、一門とともに宿直しながら警護した（『愚管抄』巻第五「二条」）。二条親政を支持する清盛の立場が明示される。反面、天皇の御所が武力で警護されていたという点は、依然として王権をめぐる対立が継続していたことをも物語っている。武力で天皇が警護されるのは、かつての白河院と輔仁《すけひと》親王の対立、鳥羽院重病にともなう内裏・院御所の警護など、皇位継承をめぐる紛争があった時に限られる。おそらく、後白河院政派の蠢動《しゅんどう》が懸念されたものと考えられる。

7—二条天皇

この当時、もはや伊勢平氏に対抗できる武力は存在しない。しかし、伊勢平氏の内部には、先述のように処罰を受けた教盛・時忠をはじめとして、後白河に心を寄せる者も少なくなかった。また、二条親政派ではあったが、頼盛も清盛に対抗する勢力を有しており、清盛に反抗する姿勢を示していた。このため、清盛に対抗するために敢えて反対の陣営に立つ恐れもあった。清盛は、こうした平氏一門による不測の事態を恐れたのではないだろうか。一門統制に苦心したことが、清盛の立場を曖昧《あいまい》にし、最後まで「アナタコナタ」させる結果をもたらしたものと考えられる。

同時に、『愚管抄』は、滋子が皇子を儲けていたことを重視する。清盛は、近衛《このえ》天皇の例のように、二条天皇が後継者なくして死去する可能性も想定していた。そうなれば、滋子の皇子は掌中《しょうちゅう》の珠《たま》である。二条親政派とはいえ、清盛は後白河にも奉仕を怠ることはなかった。ここに「アナタコナタ」したもう一つの原因が存した。長寛二年（一一六四）、清盛が後白河のために蓮華王院《れんげおういん》（三十三間堂《さんじゅうさんげんどう》）を造営したのはそのあらわれである。

8―三十三間堂

後白河と二条との対立は、しだいに二条側が優勢となってはいたが、平氏一門も含めて微妙で流動的な情勢が継続していた。永万《えいまん》元年（一一六五）、そうした政情に思わぬ形で決着がつくことになる。

Ⅱ 後白河院政と平氏軍制

9―後白河法皇像
後白河院は，平清盛との協調によって院政を確立したが，やがて全面的に衝突する．清盛没後，後白河との関係が平氏一門の命運を左右することになる．

平治の乱の結果、国家的軍事警察権を独占的に掌握した清盛ではあったが、一門の不統一、王権に依存した大規模軍事動員など、平氏には大きな弱点が残されていた。清盛と後白河とが提携していた段階では、こうした問題は表面化することはなかった。

しかし、安元二年（一一七六）に建春門院《けんしゅんもんいん》が死去し、清盛と後白河との対立が露呈した結果、こうした弱点は大きな政治問題に発展する。とくに、院近臣藤原成親と提携した重盛の動向は、清盛を脅かすことになるのである。

本章では、鹿ヶ谷事件《ししがたにじけん》を中心に、後白河院政の成立から治承三年（一一七九）に至る政治過程をとりあげ、平氏軍制の問題点や、それが内乱に与えた影響を考えることにしたい。

1　重盛と後白河院

後継者重盛

永万元年（一一六五）、正統の帝王であった二条天皇が死去し、さらに翌年には二条没後に六条天皇を支えていた摂政《せっしょう》藤原基実も死去するに至り、政界は後白河院政に向けて大きく転換してゆくことになる。この時後白河は、清盛に大きな恩恵を与えることになる。

まず、基実の死去に際して後白河は、莫大な摂関家領を後任の摂政基房《もとふさ》に譲渡せず、基実の後家である清盛の娘盛子のものとすることを容認した。盛子は当時まだ一一歳、彼女に荘園を管理する能力などあろうはずもなく、摂関家領は事実上父清盛の手に入ったのである。ついで、後白河は大臣家以上の出身でなければ、天皇の外戚《がいせき》、もしくは皇子・皇孫でなければ昇りえない内大臣《ないだいじん》の地位を清盛に与えた。清盛は院近臣家出身に過ぎず、まだ外戚でもないから、大臣の壁を突破できた要因は、おそらくは人口に膾炙《かいしゃ》していた白河落胤《らくいん》の噂にあったと考えられる。後白河は、この噂を事実上公認したことになる。

後白河が遮二《しゃに》無二《むに》清盛に恩恵を与えたのは、むろん院政確立に向けて彼の協力を必要としたために他ならない。元来、中継ぎに過ぎない後白河には権威が乏しく、六条を背後で支援する八条院や徳大《とくだい》寺《じ》家《け》など、院政確立に反対する動きが強かったのである。後白河にとって清盛との提携は不可欠であった。また、清盛にも後白河と提携する必要があった。彼自身の権威を高め、八条院と結ぶ異母弟頼盛など、平氏内部の清盛に対抗しようとする存在を抑圧する必要があったのである。

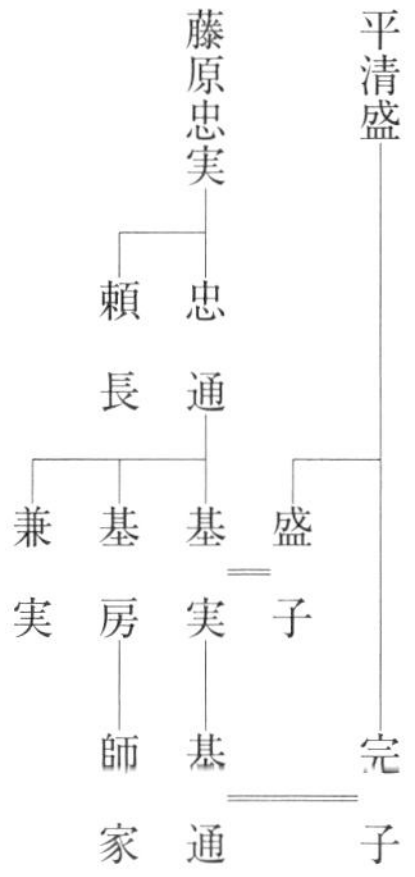

10——平氏・摂関家関係系図

仁安二年（一一六七）二月、清盛は太政大臣《だいじょうだいじん》に昇進した。内大臣昇進からわずか三ヵ月後である。令制の最高官職に就任したなどと大きく評価される出来事であるが、清盛はその三ヵ月後の五月に太政大臣を辞任してしまった。当時、太政大臣は一種の名誉職に過ぎなかったから、昇進は一種の箔付《はくづ》けに過ぎなかったのである。儀式や政務に疎い清盛は、大臣といった公的な立場を退き、平氏の家長といった非公式な立場で政治に参加しようとしたものと考えられる。

ここで注目されるのは、先にもふれたように、清盛が太政大臣を辞任する直前の五月十日、嫡男重盛に対し、後白河院が東海・東山・西海・南海の諸道における賊徒追討を命じたことである（『兵範記』）。この当時、具体的な賊徒の動きはなく、また重盛も出撃した形跡がない。こうしたことから、この命令はそれまで清盛が有していた国家的な軍事警察権を、嫡男重盛に与えたものと考えられている。

清盛は、先述のように太政大臣を辞任し、公的な立場から退きつつあった。ここで重盛が父清盛に代わり、平氏を代表して国家的軍事警察権を掌握することになったのである。重盛は、清盛の最初の室高階基章《たかしなのもとあき》の娘を母として生まれ、仁安二年当時三〇歳の壮年、従二位権大納言・春宮大夫《とうぐうだいふ》という清盛の後継者に相応しい地位にあった。かつて平氏一門内で清盛に対抗する存在であった叔父頼盛は、重盛より五歳年長であったが、当時正三位大宰大弐に過ぎない。むろん教盛・経盛といった他の叔父たちも大きく引き離していたことになる。この背景に、事実上皇胤《こういん》と認定された清盛の著しい躍進があったことはいうまでもない。

重盛が後継者に相応しいのは、官位だけではない。すでに述べたように、彼は保元・平治の乱に参戦して実戦を経験していた。とくに平治の乱では、伊賀・伊勢における平氏重代相伝の家人を率いて、源義朝軍との激しい戦いをも演じている。それだけに郎等の信頼も厚いものがあった。平氏家人の中心で、軍制の重鎮ともいうべき侍大将平貞能、伊《い》藤忠清《とうただきよ》らが重盛の腹心となっていたことは、重盛の立場を象徴するものである。このように、重盛は軍事面における清盛の後継者として相応しい武将であった。

しかも、彼は平治二年（一一六〇）には後白河院の御給《ごきゅう》で従四位下に、そして二条天皇の朝覲行《ちょうきんぎょう》幸《こう》における後白河院司《いんじ》賞で、従四位上に昇進するなど、後白河から恩恵を受けていた。即位に至る経緯を知悉し、後白河を見下す面もある清盛と異なり、後白河の権威を認める存在であった。そして、後白河第一の腹心成親の同母妹経子を室としていたことからも、後白河と緊密な関係を形成することになる。

重盛の活動

国家的軍事警察権を掌握した重盛はいかなる活動を行い、またそれは平氏の軍制にとってどのような意味を有したのか。次にこの点を検討してみよう。

まず、第一の役目は、地方の騒擾《そうじょう》に際し、使節を派遣して鎮圧することにあった。時期は下るが、『玉葉』の安元二年（一一七六）十月十一日条によると、甲斐国の施薬院領飯野荘《いいののしょう》において、下司《げし》政《まさ》綱《つな》に反抗した住人貞重《さだしげ》を、当時右大将であった重盛に付して召喚する宣旨《せんじ》が下されている。国家的軍事警察権の担い手として、地方において荘園領主の手に負えない紛争解決が発生した際に、治安維持の中心的役割を期待されていたことがわかる。

11──平　重盛

一方、鹿ヶ谷事件の翌年で、後述するように重盛が立場を低下させた時期の事例ではあるが、治承二年（一一七八）七月二十二日、平氏家人相模権守仲賢《さがみごんのかみなかかた》が殺害された時（『百練抄』）、重盛は犯人の美濃国住人為澄《ためずみ》を追捕するために、美濃の知行国主《ちぎょうこくしゅ》後白河院を通して留守所《るすどころ》に命令している（『山槐記《さんかいき》』治承三年正月十五日条）。このように、重盛による紛争鎮圧は、彼や平氏と主従関係にある家人のみを動員して行うのではなく、公的機関を媒介として解決が図られたのではないだろうか。この出来事は、重盛の軍事警察権が、後白河院や朝廷の権威を背景としていたことを示唆《しさ》する。

このほか、地方における所領相論《しょりょうそうろん》の仲介・調停といったことも彼の役割であった。仁安年中（一一六六〜六九）における下野国足利荘《しもつけのくにあしかがのしょう》をめぐる足利俊綱《あしかがとしつな》の処罰と免除、彼の家人化といった出来事は、地方紛争解決と家人獲得の実態を示すものである（『吾妻鏡《あずまかがみ》』養和《ようわ》元年九月七日条）。

この事件の概要は以下のようなものであった。まず、俊綱は女性の殺害が原因で足利荘の領主職を解任されたため、重盛は同職を新田義重《にったよししげ》に与えた。しかし、俊綱が上洛して重盛に愁訴《しゅうそ》したため、同職は返還された。この恩に報いるため、俊綱は重盛に属したという。北条本《ほうじょうぼん》を底本とする『新訂増補国史大系』の『吾妻鏡』は、所領給与の主体を「本家小松内府」とするが、同荘の本家は八条院であり、吉川本《きつかわぼん》のように「平家小松内府」とするのが正しいと考えられる。したがって、重盛は荘園の支配体系とは関係のない立場で、俊綱に所職返還を認め、その御恩を通して主従関係に組織したことになる。

先の足利俊綱のように、在地における紛争の解決を通して重盛と関係を結ぶ者もあったが、逆に在京活動を通して組織される者もいた。たとえば、軍事貴族でもある甲斐源氏の武田有義《たけだありよし》は京で重盛の剣持ちをつとめていたし（『吾妻鏡』文治四年三月十五日条）、伊豆《いず》の地方武士工藤祐経《くどうすけつね》も上洛していた時には重盛に祗候《しこう》していたという（『吾妻鏡』元暦元年四月二十日条）。また下野の豪族宇都宮朝綱《うつのみやともつな》も、重盛の家人平貞能と密接な関係にあった（『吾妻鏡』文治元年七月七日条）。

こうした武士たちは、衛府などへの任官や、大番役《おおばんやく》勤仕のために上洛した際に、強訴撃退や犯人追捕などの軍事活動を通して重盛に従属したものと考えられる。『平家物語』巻第二「烽火《のろし》の沙汰」には、鹿ヶ谷事件に際し、後白河攻撃を企図する清盛を制止しようとした重盛が、平盛国に命じて家人を招集し着到を記入させる逸話が見える。ここから京における軍事的な中心として、在京武力を統制していた重盛の立場を窺知《きち》することができる。

このほか、重盛室として資盛《すけもり》を生んだ女性の兄弟千田親政《ちだちかまさ》（親雅、親正とも。以下親政）、豊後国の豪族緒方維義（『平家物語』巻第八「太宰府落」）、土佐国《とさのくに》の蓮池権守家綱《はすいけごんのかみいえつな》、平田太郎俊遠《ひらたたろうとしとお》（『吾妻鏡』寿永元年九月二十五日条）など、地方武士の名前が重盛の家人として挙がっている。土佐の武士については、重盛の息子宗実《むねざね》を養子としていた知行国主藤原経宗との関係も想定できるが、重盛は諸国の紛争解決や在京活動を通して遠隔地の武士たちを組織化していったものと考えられる。

しかし、こうした家人化は偶発的な事情に左右されることが多く、各地に点在するに過ぎない。しかも先述の足利と新田の場合のように、近隣の武士相互の対立を調停することがなかったため、特定地域の家人を体系的に組織することは困難であった。足利俊綱が重盛に従属したのに対し、新田義重は宗盛に従うことになり、後述するように頼朝の反乱勃発時に両者は衝突することになる。

このように、重盛の活動を通して平氏家人は地方に数多く生まれたものの、各地に散在する上に、相互に対立を有する場合も多く、各々が有機的に連係することはなかった。このことが内乱における敗因の一つともなるのである。

嘉応の強訴・重盛の限界

平氏一門の後継者となった重盛は、在京活動においても中心的役割を担うことになる。しかし、その彼の限界を示す事件が起こっている。仁安三年（一一六八）、後白河院と清盛の協調によって憲仁《のりひと》親王が即位した（高倉天皇）が、その翌嘉応《かおう》元年十二月二十三日、延暦寺大衆《だいしゅ》が尾張国の知行国主藤原成親の配流《はいる》を求めて高倉天皇の閑院《かんいん》内裏に強訴し、警護に当たっていた源頼政以下の武士たちを蹴散らして内裏を占拠するに至ったのである。

これに怒った後白河院は、悪僧を追捕するために院御所法住寺殿《ほうじゅうじどの》に平氏の軍勢を動員した。その数約五〇〇騎、内訳は前大納言重盛二〇〇騎、宰相中将《さいしょうちゅうじょう》宗盛一三〇騎、そして前大宰大弐頼盛一五〇騎であった（『兵範記』）。平氏一門はそれぞれ独立した軍団を有していたことから、大規模な動員に際しては総大将の指揮に一元化されず、各軍団の混成という形態をとっていた。このことが、内乱期における大規模な合戦における弱点ともなる。また、清盛の後継者として国家的軍事警察権を担った重盛といえども、単独で強訴に対処するだけの武力を有していなかったことになる。そして、平治の乱でも独自の立場を有した頼盛に加え、弟宗盛が別個に軍勢を率いて参戦している点が注目される。

12──法住寺殿（『年中行事絵巻』）

　宗盛は、奇しくも源頼朝と同じ久安《きゅうあん》三年（一一四七）の生まれで当時一三歳、平治の乱で初陣《ういじん》を飾ったとみられるがさしたる活躍はなく、兄重盛と異なって実戦経験には乏しかった。しかし、いうまでもなく母は清盛の正室平時子で、彼女は国母建春門院の姉、高倉天皇の伯母でもあるから、高い権威を有したのはいうまでもない。時子の権威を背景に、宗盛は政治的に躍進を遂げ、すでに正三位参議として重盛に対抗しうる存在となっていたのである。

　この時、重盛は後白河の再三の出撃命令にも従わず、結果的に義兄成親を救済できなかった。これには出兵に反対する貴族たちの消極的な態度、夜陰となったために合戦が困難となったことも関係するが、同時に八条院・六条天皇派として高倉即位に反発したために、知行国尾張を成親に奪われる形となった頼盛の消極的な態度も介在していたとみられる。当時、平氏一門において、忠盛の嫡室宗子を母とし、清盛に次ぐ政治的地位を有した頼盛の比重は大きなものがあった。平治の乱でも、重盛と並んで出撃したのは頼盛であった。強訴の防禦といった大規模な軍事動員に際し、彼を除外することはできなかったのである。それだけに、彼の消極的な態度は重盛を強く制約したものと考えられる。国家的軍事警察権を担当したとはいえ、重盛は大きな限界を有していたのである。

平氏の拙劣《せつれつ》な対応が原因で強訴に屈伏した後白河は、いったん配流に処した成親を呼び戻すとともに、逆に「奏事不実」を理由に、清盛の義弟で検非違使別当時忠と、その叔父で蔵人頭であった平信《のぶ》範《のり》という公家平氏の二人を配流し、しかも成親を検非違使別当に補任するという理不尽な決定を下すに至った。むろん激昂《げきこう》した延暦寺は再度強訴の動きを示す。こうした混乱の中、清盛は頼盛・重盛を相次いで福原《ふくはら》に呼びつけ、最終的には自身が上洛することで事態を収拾した。

頼盛の統制は重盛には困難であったし、後白河を治天《ちてん》の君《きみ》と仰ぐ重盛では、後白河の理不尽な決定を覆すことはできなかった。結局、一門全体の統括者にして、国家権力の一翼を担う清盛の判断を仰がざるを得なかったのである。重盛は依然として、清盛の政治的な統制下に置かれることになる。

また、伊賀・伊勢における重代相伝の家人の主流を統率する重盛に対し、その傍流や一族を組織した頼盛や宗盛も独自の武力を有していた。そして、清盛の下には、阿波の豪族田口成良をはじめ、山陽・四国の武士たちが組織されつつあった。重盛が有する武力は平氏内部で相対化されつつあったのである。後白河から国家的軍事警察権を付与されたとはいえ、平氏内部における重盛の立場も不安定なものでしかなかった。

おまけに、先述のごとく時子の妹建春門院が生んだ高倉天皇の即位は、時子系統の権威を上昇させ、逆に高階基章娘を母とする重盛の立場を動揺させることになる。時子の長男宗盛は建春門院の同母妹を室とし、承安《じょうあん》元年（一一七一）、その間に長男清宗《きよむね》を儲けたが、清宗は驚くべきことに翌年に元服し、昇殿・禁色《きんじき》を許可されるに至った。この処遇は、清宗こそ平氏一門の次世代の嫡流となることを天下に明示するものであり、重盛やその一門に強い衝撃を与えたと考えられる。

こうした最中、重盛は、承安二年限りで後白河の親衛隊長ともいうべき院御厩別当を辞し、翌年から宗盛が後を襲っている。重盛は父の清盛に譲渡されてから、わずか二年で院御厩別当を交代することとなった。重盛・宗盛両者の立場が変化しつつあったことを裏付けるものといえよう。このように、重盛は一門内部における立場、そして後白河との関係を動揺させていたことになる。そこで、彼は義兄にして後白河第一の近臣であった藤原成親に接近し、政治的立場の建て直しを図るのである。

2 鹿ヶ谷事件と重盛

重盛と成親

成親は鳥羽院第一の近臣家成の三男で、早くからの後白河院近臣である。後白河院政派の中心信頼とともに平治の乱の首謀者の一人となり、乱後に捕らえられて清盛の前に引き据えられたこともある。この時は、深く関与していなかったことや、妹婿重盛の支援などで解官という軽微な処罰で済まされた。その後も、二条親政派・後白河院政派の対立の中で配流され、先述の嘉応の強訴で再度解官の憂き目を見るが、後白河院政の下で着々と頭角をあらわし、院政の最大の支柱ともいうべき存在となっていた。

当時の成親の立場を物語る出来事がある。承安二年（一一七二）七月二十一日、後白河の院御所三条殿を造営した成親は、自身の昇進や知行国の受領の重任など、五つにも及ぶ恩賞を与えられたのである。まさに後白河の比類ない寵愛を誇っていたことになる。その背景に存したのは、『愚管抄』が指摘するような「男ノオボヘ」「ナノメナラズ御寵アリケル」（巻第五「高倉」）といった、後白河院との男色関係だけではなかった。

『愚管抄』にも「フヨウ（武勇）ノ若殿上人《てんじょうびと》」（巻第五「二条」）と称された成親は、武人としての性格を有し、後白河の下北面である平信業《のぶなり》を知行国越後《えちご》の受領に任じたほか、同じく西光《さいこう》を義弟として

13——藤原成親関係系図

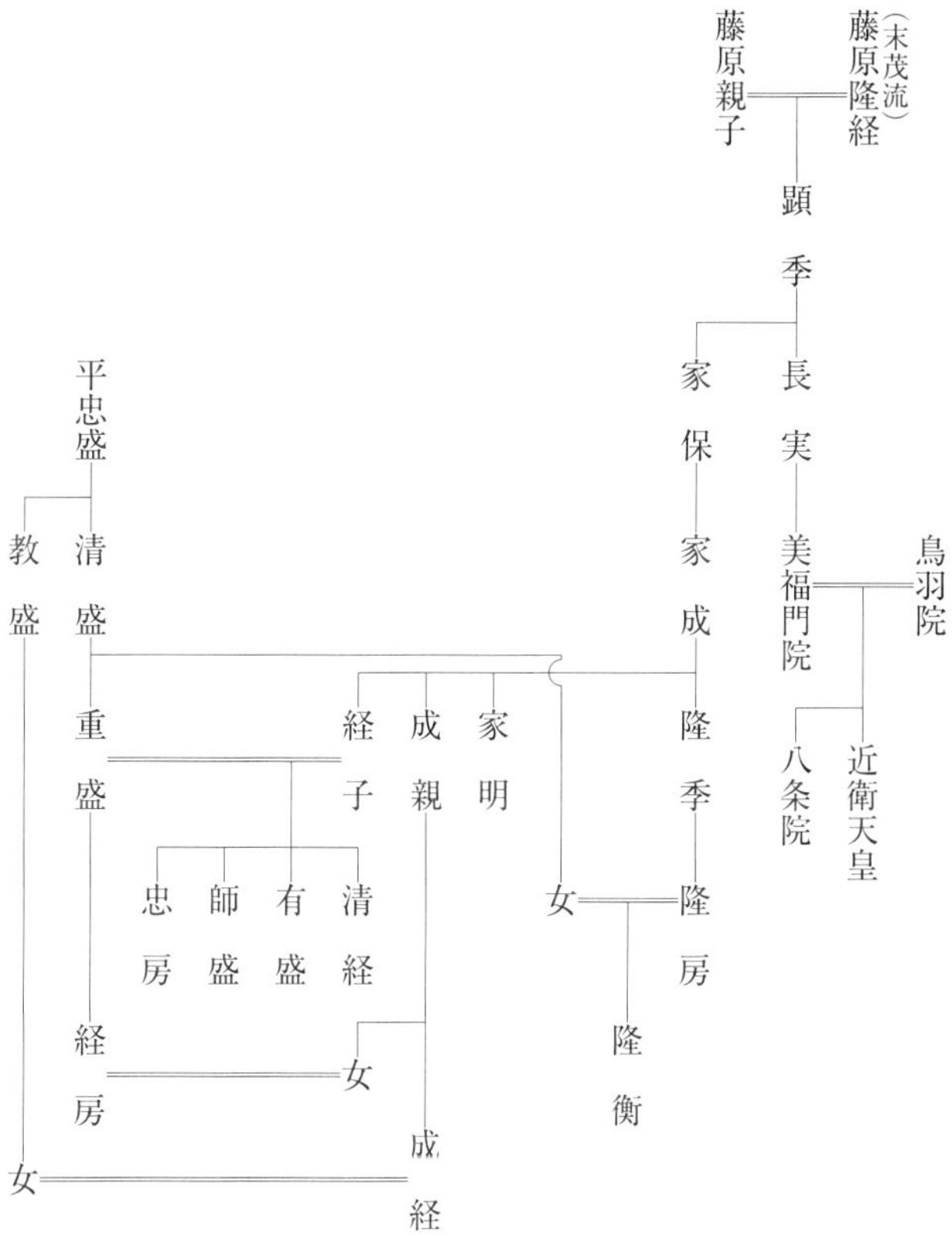

（末茂流）藤原隆経
藤原親子
顕季
長実
家保
美福門院
鳥羽院
家成
近衛天皇
八条院
隆季
家明
成親
経子
隆房
女
隆衡
平忠盛
清盛
教盛
重盛
清経
有盛
師盛
忠房
経房
女
成経
女

いた。さらに成親は、嘉応二年（一一七〇）より五年にもわたって検非違使別当に在任し、平業房・大江遠業《おおえのとおなり》・藤原能盛《よしもり》・同師高《もろたか》など、検非違使となっていた多くの下北面《げほくめん》を統率しながら京の治安維持に当たっていたのである。いわば後白河院下北面の統合者ともいうべき存在であった。

成親の同母妹経子を室としていた重盛は、承安元年頃、長男維盛と成親の娘とを結婚させ、関係をより緊密なものとした。また、重盛の腹心平盛国《もりくに》、貞能らが検非違使の任にあったことも、成親・重盛の提携を深める一因となったと考えられる。こうした成親との連携を通して、重盛は後白河の信頼も回復し、時子系統に対抗しうる政治的地位を構築していった。

その最中の承安三年十一月、興福寺《こうふくじ》による多武峰《とうのみね》焼き討ちに対する朝廷の処罰を不服とした南都大衆は、大挙上洛を目指し宇治《うじ》に至った。重盛は腹心平貞能らとともに「官兵」を率いて防御し、入京を阻止したのである（『興福寺別当次第』）。この防禦に際し、他の平氏一門の動きは記録に残っていない。院や成親の支援を受けた重盛は、下北面や大番役で在京した武士などを動員し、単独で強訴を防いだのであろう。

この結果、後白河は興福寺の荘園全面没収という強硬な措置が可能となった。後白河は重盛の活躍によって、治天の君としての権威を保持することができたのである。重盛の功績は、単に強訴を防いだだけではなかった。また、興福寺領の多くが大和にあったことを考えれば、その没収を可能としたのは大和に近接する伊賀・伊勢に多くの武力を有した重盛の武力に他ならない。

平氏郎等中でも最精鋭ともいうべき平貞能・伊藤忠清らを統率し、さらに諸道の追討権に加え、院や検非違使別当成親の支援を受けた重盛は、全国に家人を獲得し、しだいに頼盛や宗盛といった一門を引き離す武力を有するようになっていった。ただし、大規模な武力発動がほぼ強訴に限定されていた当時、重盛の活躍は、結果的に院の権威を保持し、院近臣を強訴などから防禦することになったのである。

承安四年七月、重盛は武官の頂点ともいうべき右近衛大将《うこのえのだいしょう》（右大将）に就任した。これは後白河とともに清盛が支援した結果でもあった。後白河と清盛の提携を背景に、重盛は高い政治的地位を築くことができたのである。しかし、磐石《ばんじゃく》に見えた後白河と清盛の提携の陰で、官位昇進、そして何よりも政治の主導権をめぐって後白河院や成親以下の近臣と、清盛以下の平氏一門の亀裂が深まりつつあった。こうした情勢の下、後白河や成親と結ぶ重盛は、清盛や時子系統らの一門と政治的立場を異にしてゆくことになる。この結果、平氏一門に重大な分裂の危機が生じるのである。

安元の強訴と京の混乱

安元三年（一一七七）四月、成親が訴えられた嘉応元年（一一六九）以来八年ぶりに、再び延暦寺・日吉社《ひよししや》による大規模な強訴が勃発する。強訴の原因について『平家物語』（巻第一「俊寛沙汰《しゅんかんさた》 鵜川軍《うかわのいくさ》」）は、延暦寺・日吉社の末社《まつしやか》加賀国白山宮《がのくにはくさんぐう》の末寺鵜川を、加賀守藤原師高《もろつね》の弟で目代の師経が焼き払ったためとする。これに激昂した延暦寺衆徒《しゅと》は、師高・師経の配流を要求し、嘉応の強訴と同様、高倉天皇の御所閑院内裏に殺到したのである。

14―日吉大社東本宮本殿

藤原師高・師経兄弟は、後白河の近習であり、成親の義弟となっていた西光の息子であった。したがって、嘉応の強訴と同様に、成親の一族が強訴の対象となったことになる。嘉応の強訴では、先述のように平重盛・頼盛・宗盛の三人が防禦に起用された。しかし、院から再三出撃を命令されたにもかかわらず、頼盛の消極的な姿勢も影響して彼らは動こうとしなかった。このため、結局院は屈伏を余儀なくされたのである。

しかし、今回の対応は大きく異なっていた。成親の妹婿でもある重盛が単独で強訴の迎撃に当たったのである。承安の興福寺強訴を単独で防禦したように、重盛は諸国の賊徒追討権を通して多くの家人を獲得しており、強訴の迎撃に際し他の平氏一門の協力を必要としていなかったのである。

しかも、衆徒が攻撃的であったことも影響して、重盛は院宣《いんぜん》によるとはいえ神輿《みこし》に矢を射かけるに至った。重盛が院近臣を擁護するために強訴に立ち向かい、強硬な対応を行った点は注目される。院や成親との提携を深めていた重盛は、他の平氏一門とは無関係に院の意向に沿った対応を行ったのである。

強訴との衝突が起こった直後、高倉天皇が法住寺殿に避難した際、本来内裏の警護を担当してきた平経盛が内侍所《ないしどころ》の警護を拒否した（『玉葉』四月十九日条）ことからもわかるように、他の平氏一門はけっして後白河の命に従順ではなかった。後白河院・院近臣と重盛とが緊密に結合した反面、重盛が平氏一門の中ですっかり孤立していた状況が看取できる。後白河や院近臣と緊密に提携する重盛と、他の平氏一門との溝は大きくなっていたのである。

しかし、結果は後白河の思惑とは逆になった。矢が命中したことから神輿が放置されるという不祥事が引き起こされたため、強訴撃退は失敗に終わり、院は屈伏を余儀なくされたのである。宇治川の防禦線で制止できた興福寺強訴と異なり、神輿とともに内裏に殺到した大衆を攻撃したことが、失敗の原因であった。結局、師高・師経兄弟は尾張国に配流され、神輿を攻撃した重盛の家人たちも禁獄されたのである。院近臣を守れなかったことに憤《いきどお》る後白河に、さらに追い打ちをかける事態が発生する。

四月末には、のちに太郎焼亡と称される大火が左京《さきょう》を襲い、多くの公卿の邸宅、そして大極殿《だいごくでん》を含む多数の殿舎・家屋を焼失するに至った。さらに、京の治安も悪化した事から、崇徳上皇の怨霊の跳梁が噂にのぼることになる。後白河の王権としての正当性が大きく動揺しはじめたのである。激怒した後白河は天台座主《てんだいざすみょううん》明雲を謀叛の罪で配流するという理不尽な措置をとるが、延暦寺大衆は配流先の伊豆に向かおうとしていた明雲の身柄を奪取するに至った。このため、怒り心頭に発した後白河は、重盛・宗盛に延暦寺攻撃を命ずることになる（『顕広王記《あきひろおうき》』五月二十四日条）。

ここまで後白河に忠実であった重盛もさすがに延暦寺攻撃には躊躇《ちゆうちよ》し、清盛の指示を受けると称したために、清盛が京に呼び寄せられるに至ったのである。清盛の上洛はおよそ一年ぶりであった。福原隠居後の清盛は、ごく限られた場合にのみ上洛していた。それだけに彼の上洛は大きな政治的意味を持っており、先述のように嘉応の強訴の際にも、清盛の上洛によって後白河の理不尽な措置は撤回され、事態は収拾したのである。

しかし、今回は違った。後白河は清盛に対し、強引に延暦寺攻撃を承諾させるに至ったとされる。むろん、清盛は内心では悦《よろこ》んでいなかったという噂が貴族たちにも伝えられた（『玉葉』五月二十九日条）。清盛は当然延暦寺攻撃の理不尽さを説き、後白河に命令撤回を求めたにもかかわらず、後白河は断固として攻撃を命じたものと考えられる。

後白河は単に清盛に命令を下しただけではない。先述のように、彼は延暦寺攻撃に備え、近江・美濃・越前三ヵ国の国司に対して、「国内武士」の注申を命じたのである。これは、国衙に組織された諸国の武士の動員を計画したものと考えられる。従来、大規模な追討行為に際しては、諸国の武士が多数動員されることになっていたから、後白河は総大将清盛の下、諸国の武士を動員するという、本格的な延暦寺追討体制を構築しようとしたのである（以上『玉葉』五月二十九日条）。後白河は、清盛に対して、諸国の兵士を率いて延暦寺を攻撃するように命じたことになる。

先述のように、平氏軍制の特色は、主従関係にある直属の家人はわずかに過ぎず、大規模な軍事行動に際して、武力の多くは院・天皇の命令で諸国から動員するという点にあった。平氏と王権が一体化していれば問題はない。しかし、今回のように後白河院と清盛とが対立した結果、院は清盛の意向に反する武力動員を行い、清盛を無理矢理戦闘に駆り立てようとするに至ったのである。これまで王権との対立は想定されていなかっただけに、清盛は思いも掛けないかたちで平氏軍制の弱点を思い知らされたことになる。

国内武士の動員が予定された三ヵ国のうち、美濃は後白河の、そして越前は重盛の知行国であった。他にも近江に隣接する国がある中で、美濃とともに越前から武士の動員が計画されたことは、知行国主重盛の協力を物語る。後白河が清盛に強硬な姿勢を示した背景には、重盛の存在があったのである。対応を誤れば平氏一門の分裂、父子の対立という最悪の事態も想定されるに至った。清盛は厳しい状況に追い込まれたのである。

鹿ヶ谷事件

ところが、六月に入るや事態は一変する。『玉葉』六月一日条によると、一日未明、西八条邸にいた清盛は突如として院近臣西光を追捕し、「年来の間、積もるところの凶悪のこと、並びに今度明雲を配流し、及び万人を法皇に讒邪《ざんじゃ》」するなど「非常不敵」のことを尋問し、同時に権大納言成親を禁固し面縛《めんばく》に及んだのである。院近臣は悉《ことごと》く捕らえられるという噂が流れた。

そして翌二日条によると、一日の夜半に西光は斬首され、成親も備前に配流された。西光は拷問の結果、「入道相国《にゅうどうしょうこく》を危ぶむべきの由、法皇及び近臣ら謀議せしむの由」を承服したため、謀議に加わった者の名簿を作成させた上で斬首した。そして成親は備前に配流されたが、途中で殺害されるという噂が流れた。左大将重盛が、彼の助命を「平に申し請」うたとされた（六月二日条）。そして翌三日には、法勝寺執行《ほっしょうじしぎょう》の僧俊寛のほか、北面下臈《げろう》たちが多数捕らえられたのである（六月四日条）。

この事件について、最も詳細に叙述しているのが、『平家物語』（巻第一「鹿谷」）である。後白河や院近臣成親・西光らは、鹿ヶ谷にある僧俊寛の別荘に参集し、平氏打倒の謀議を企てたという。彼らは多田源氏の行綱《ゆきつな》を大将と頼むが、院近臣たちの狂態に呆れた行綱が清盛に謀議を密告したため、院近臣たちの一斉逮捕に発展したとされる点は、諸本に共通している。謀議が行われた場所にちなんで、事件は「鹿ヶ谷事件」と称されることになるのである。

しかし、事件の発覚が清盛にとってあまりに好都合であったこと、また行綱を大将とする平氏打倒計画が非現実的であることなどから、『平家物語』における「鹿ヶ谷事件」の叙述には多くの虚構が含まれるとされ、さまざまな見解が提示されている。確かに行綱を大将とする「平氏打倒」計画や、時宜《じぎ》を得た行綱の密告などはいくらなんでも虚構であろう。しかし、先述の『玉葉』の記述のように謀議があったこと、それを清盛が察知したこと自体は否定できない。

また、『玉葉』の記述によると、計画されたのは「平氏打倒」ではなく、清盛を「危ぶめる」ことであった。さらに、『顕広王記』六月五日条にも、俊寛が解官された原因として「ことを大衆の謀に寄せて、禅定相国《ぜんじょうしょうこく》（清盛─筆者注）を誅さんと欲す」とある。以上を考えあわせるならば、成親・西光を中心に、後白河院・俊寛も交えて、清盛暗殺の謀議があったことは疑いない。

平氏一門と戦って打倒することは困難であるが、清盛を延暦寺との戦場におびき出して暗殺することは、けっして不可能ではない。もし暗殺が現実となれば、平氏一門は後白河・成親に近い重盛系統と、高倉天皇と結合した時子系統に大きく分裂することになる。そして、後白河に従属する重盛一門が院近臣として生き延びるが、清盛の後ろ楯を失った高倉は退位に追い込まれ、時子系統は没落せざるを得ない。平氏一門の力は大きく削がれることになる。

そうなれば、皇位決定や人事に関する後白河の主導権が確立されて、紛《まが》うことなき治天の君の地位を獲得することになる。後白河と院近臣たちの独裁が完成するのである。後白河や院近臣たちの狙いはそこにこそあった。

しかも、それは一部の院近臣による軽率な謀議ではなく、後白河も加わった重大な謀略であった。九条兼実が、西光の白状を「実事」であるという情報をことさら書き記しているのは、後白河の関与とい

15──鹿ヶ谷跡碑

う重大事に係わるためであった（六月十日条）。延暦寺攻撃命令に際して地方武士が動員されたのに続き、一門内部の不和というもう一つの平氏の弱点が衝かれたことになる。後白河や院近臣たちは、清盛・平氏一門の弱点を見抜いて周到な攻撃を計画したのである。

清盛は、後白河も加担した暗殺計画に激怒するとともに、周到な計画に重大な脅威を感じた。彼が、地方武士出身とはいえ重要な院近臣である西光はもちろん、「武勇」ではあったものの、現職の権大納言である成親をいきなり拘束し、虐殺するに至った背景には、敵の攻撃の厳しさがあったと考えられる。殺害は、自力救済を行動の原則とする武士において、報復の連鎖を防ぐ行為に他ならない。清盛は成親・西光による再度の攻撃を回避するために、私刑として殺害を選択したのである。

しかし、後白河に対する攻撃は行われなかった。『平家物語』は、これを院近臣でもあった重盛の諫言《かんげん》の結果とする。成親と提携してきた重盛の立場はどのようになったのであろうか。また、それは平氏に如何なる影響を与えたのか。次にこの問題にふれることにしたい。

3 治承三年政変

重盛の死去

『平家物語』（巻第二「小教訓」「烽火の沙汰」）の描く重盛は、実に印象的である。鹿ヶ谷事件に際して、彼は京周辺の武士を動員して、自身の軍事的優位を見せつけた上で、清盛に高圧的な態度で、理路整然と成親の助命や後白河攻撃の制止を主張したとする。しかし、先述したように、『玉葉』（安元三年六月二日条）によると、重盛は成親の助命を清盛に「平に申し請」うたとあり、到底高圧的な姿勢をとったとは考え難い。

それも当然である。むろん自身は直接関与していなかったとは思われるが、こともあろうに父清盛の暗殺を企図《きと》した勢力と政治的に提携してきたのである。重盛が清盛に対して、立場を失い、屈伏を余儀なくされたのはいうまでもない。重盛の立場を象徴するのは、事件直後の五日、武門の最高峰ともいうべき左大将を辞任したことである。これは彼の謹慎を示すとともに、国家的軍事警察権の統率者という立場を去ることをも意味したと考えられる。もはや、重盛は清盛に屈伏していたのである。

鹿ヶ谷事件後、清盛と後白河との関係が悪化したことはいうまでもない。後白河が暗殺を企てた以上、両者の関係修復など不可能である。それにもかかわらず、清盛は治承三年政変の時のように院を攻撃することはなかった。『平家物語』は、これを重盛の制止が原因とする。しかし、重盛はすでに清盛に屈伏しており、彼の諫言に従って清盛が後白河に対する攻撃を断念したとは考え難い。

清盛が後白河に微温的な態度をとった原因は、代替の院が不在であったために他ならない。高倉天皇は成人したとはいえまだ一七歳、しかも後白河の強い父権の下に置かれた存在である。また、天皇を補佐する関白藤原基房も、摂関家領押領問題をめぐり、清盛と鋭く対立していた。それだけに、後白河院政を停止して、高倉に親政を行わせることは困難だったのである。

治承元年（一一七七）十一月十五日の京官除目《じもく》において、後白河が「知ろし食すべからず」という姿勢をとったために、高倉天皇と関白藤原基房が儀式・政務の中心となった（『玉葉』）。後白河の譲歩もあって、政務は一時高倉に移行する。しかし、治承三年政変の直前、後白河が清盛の女婿基通《もとみち》を抑えて藤原師家《もろいえ》に権中納言を与えたように、再び後白河が政治主導権を回復することになる。

それはともかく、重盛の軍事面での後退を印象づける事件が翌治承二年正月に発生する。延暦寺との対立を深めた後白河院は、延暦寺と対立する園城寺《おんじようじ》において、前権僧正公顕《さきのごんのそうじようこうけん》から伝法灌頂《でんぽうかんじよう》を受けようとした。後白河はかねてから尊崇してきた園城寺との連携を強化しようとしたのである。むろん、延暦寺の悪僧たちは

16――園城寺金堂

激昂し、園城寺を焼き討ちすべく多くの兵士を動員するに至った。このため、京にも軍事的な緊張が走った。しかし、後白河はもはや重盛を頼ることはなかったのである。

後白河院は、まず福原にいた清盛を「勅喚《ちよくかん》」するが、清盛は動こうとしなかった（『玉葉』正月二十日条）。後白河は宗盛を使者として清盛のもとに派遣する一幕もあったが、鹿ケ谷事件で後白河との

対立を深めた清盛が、後白河の救援のために上洛するはずもなかった（『山槐記』正月二十日条、『玉葉』正月二十二日条）。軍事面でも重盛は後退し、後白河は当初から清盛の武力に依存するようになっていたのである。また、京において、まず後白河の命を受けたのは宗盛であり、重盛に代わって宗盛が平氏を代表する立場を得ていたことになる。

重盛の失脚によって、後白河は直属の武力を喪失し、逆に平氏一門は一体化することになった。鹿ヶ谷事件で露呈した二つの弱点、王権に依存する地方武士の動員と、一門の不和のうち、清盛は後者を辛くも克服したことになる。

治承二年十一月、その後の平氏のあり方を決定する出来事が起こった。清盛と時子の娘で、高倉の中宮《ちゅうぐう》となっていた徳子がついに皇子を出産したのである。皇子はただちに親王を宣下され、言仁《ときひと》親王を称した。のちの安徳天皇である。安徳の生誕で、彼が高倉の皇位を継承することが決定した。この結果、時子系統と王権の結合は恒久的なものとなり、重盛一門が傍流となることは決定的となったのである。

皇子はすぐさま立太子されることになる。重盛は、その養育係である東宮傅《とうぐうふ》に推されたものの固辞し、左大臣藤原経宗にその座を譲った（『玉葉』十二月六日条）。重盛を推したのは、重盛との融和を図り一門を結合させようとした清盛であろう。しかし、重盛は就任を辞退する。その一因は、翌年に死去を控えた体調の悪化であり、また自身とその系統が一門内部において地位を低下させることに対する絶望感にあった。

同時に安徳の生誕は、後白河と清盛の衝突を不可避とした。すなわち、安徳の即位、高倉の院政が実現することで、後白河院政の停止が可能となったのである。後白河に圧力を加える清盛と、それに対抗しようとする後白河。まさに板挟みとなった重盛は、無力を痛感するなか「トク死ナバヤ」という絶望的な心境に立ち至ったとされる（『愚管抄』巻第五「高倉」）。

翌治承三年三月、重盛は最後の力を振り絞って熊野参詣に赴き、精進の間に一時健康を回復したかに見えた。それも束の間、再び吐血した重盛は、五月二十五日に出家する（『山槐記』）。そして七月二十九日（八月一日未明）に世を去った。享年四二。重盛の死去が、清盛と後白河との緩衝帯《かんしょうたい》を最終的に消滅させたことはいうまでもない。同時に、重盛が担当した国家的軍事警察権のあり方、彼が多数有した家人の動向に大きな影響を与えることになるのである。

重盛の没落と東国

重盛が体調を崩していた治承三年（一一七九）初頭、清盛は富士山見物と称して東国下向を企図した。しかし、これは実現することなく、その代理を予定された知盛の下向も中止された（『山槐記』正月十二日条）。中止されたとはいえ、京の有力者が富士山見物のために下向を計画するのは、極めて異例といえる。むろん、これが観光や登山を目的としたものであろうはずがない。

『吾妻鏡』によると、相模国の豪族波多野氏の拠点松田《まつだ》には、頼朝の次兄で平治の乱で死去した朝《とも》長《なが》の邸宅があり、ここには二五間という巨大な侍所《さむらいどころ》が存した（『吾妻鏡』治承四年十月十八、二十五日条）。創建当初の頼朝の侍所は一八間であった（『吾妻鏡』治承四年十二月十二日条）から、これをしのぐ規模を有していたことになる。

一方、『延慶本《えんぎょうぼん》平家物語』（第三本「兵衛佐与木曽不和ニ成事」）は、この建物を朝長邸ではなく、常陸国《ひたちのくに》の鹿島社《かしましゃ》参詣に赴こうとした清盛の宿館であったとしている。この記事を考え合わせると、『山槐記』がいう富士山見物に際し、清盛が利用しようとした可能性が高い。

鎌倉幕府における侍所が、御家人を一同に集める場所であったことを考慮すれば、松田邸の侍所も、清盛が家人を集合させる目的で造営した建築という見方が有力である。規模の大きさから考えて、清盛は東国の平氏家人を集合させようとした可能性が高いとされる。清盛は東国の家人たちと直接対面することで、彼らに対する統制を強化しようとしたのである。

ちなみに、当時の波多野氏の当主義通《よしみち》は、前九年《ぜんくねん》合戦で頼義《よりよし》に殉死《じゅんし》した佐伯経範《さえきつねのり》の子孫であり、義通の妹は義朝の室となって次男朝長を生んでいる。河内源氏とは密接な関係にある一族であったが、

17――波多野氏系図

藤原秀郷――千常――（三代略）――経範（佐伯）――経秀――秀遠――遠義――義通――義常
遠義――女
女＝＝源義朝
女・源義朝――朝長

義通は平治の乱の前年である保元三年（一一五八）に義朝と決別して帰郷しており、その子義常《よしつね》も治承四年の頼朝挙兵に際して敵対し、自殺に追い込まれている。元来義朝に近かっただけに、波多野氏はあえて清盛のために宿館や侍所を建設し、同国の大庭《おおば》景親《かげちか》らに対抗して平氏家人としての地位を固めようとしたものと考えられる。

清盛が自身の東国下向まで計画した背景に、東国の家人統制に対する重大な懸念《けねん》が存したことはいうまでもない。その大きな原因こそが、先述のように足利俊綱・千田親政《ちかまさ》・武田有義・工藤祐経をはじめとする、東国諸国の有力豪族を家人としていた重盛の後退であり、重盛家人の動向に不安を生じたことにあったと考えられる。足利俊綱と新田義重のように、重盛家人と他の平氏家人の間には対立も存する場合もあり、重盛の没落がそうした対立を激化させる可能性もあったのである。

清盛の代理とされたのが、四男の知盛である。彼は安元二年（一一七六）以降、兄宗盛に代わって後白河院の御厩別当に就任しており、清盛の「最愛の息子」とまで称されていた（『玉葉』安元二年十二月五日条）。重盛に代わる平氏一門の軍事的中心に相応しい武将であった。しかも、知盛は武蔵国を長年知行し、東国武士の組織化にも成功していたのである。こうしたことから、清盛は知盛を重盛に代わる東国の家人統制の中心に位置づけようとしていたと見て差し支えない。しかし、どういうわけか知盛の下向も中止され、同年十一月に発生した治承三年政変以後の中央政界の混乱もあって、再び平氏要人の下向が計画されることはなかった。

清盛や知盛の下向に代わり、東国家人の統制を担当したのが、治承三年政変後に上総介《かずさのすけ》に就任した重盛の腹心伊藤忠清である。彼は「坂東《ばんどう》八ヶ国ノ侍ノ別当」(『延慶本平家物語』第二末「三浦ノ人々兵衛佐ニ尋合奉事」)に就任したとされる。これは、それまで重盛一門が有した立場や権威、そして東国情勢に関する知識などを活用したものであろう。治承四年八月、忠清は駿河の長田入道《ながたにゅうどう》から頼朝に関する不穏な情報を受け、相模の平氏家人大庭景親に事情を尋ねている(『吾妻鏡』八月九日条)。忠清の下に東国の平氏家人が組織化されつつあった様子を垣間見ることができる。

しかし、知盛中心となるはずが、結局は重盛系統を重視するように変更されるなど、東国家人の統制は手さぐり状態に過ぎなかった。内乱勃発後、重盛家人と知盛に従属していた武蔵武士団や、他の平氏家人は十分に連携したとはいいがたい状態であった。重盛の保護を失った足利俊綱は、対立する宗盛家人の新田義重を攻撃することになる。こうしたことが、平氏家人が反乱軍に各個撃破される一因となるのである。

重盛家人が全国に散在するだけに、このような混乱は東国だけの問題ではなかった。たとえば、豊後国における重盛家人緒方維義は、豊前《ぶぜん》の宇佐《うさ》一族との対立を深めている。また、中央においても、重盛系統の小松殿一門と、他の平氏一門には微妙な軋轢《あつれき》が残り、このことが内乱鎮圧に際し、一門の内部対立や混乱を招くことにもなるのである。

後白河院政の停止

鹿ヶ谷事件で、清盛と後白河はもはや和解不可能な対立に陥った。代替の院が不在であったことから、清盛も後白河に対する攻撃を回避したが、翌治承二年（一一七八）にのちの安徳天皇が生誕したことで、後白河院政停止が可能となり、さらに治承三年に平氏一門内最大の親院政派重盛が死去したことで、最終的に両者の緩衝帯が消滅するに至った。もはや清盛と後白河の衝突は必至となったのである。

こうした中、後白河は清盛に対して次々と攻撃を企てることになる。六月に、基実の後家《ごけ》となっていた清盛の娘盛子が死去すると、後白河院は摂関家領を奪取する動きを見せた。さらに十月九日の除目では、故基実の嫡男で清盛の女婿となっていた近衛基通を退け、関白基房の子でわずか八歳の師家を権中納言に据え、彼に摂関家嫡流と摂関家領を与える動きを示した。そればかりか、亡き重盛が長年知行した越前国を、その長男維盛から奪取するに至った。

こうした事態は、後白河が朝廷の政務の主導権を掌握したことを物語る。鹿ヶ谷事件後、一時は政務を高倉天皇に委ねた後白河も、関白基房と結ぶことで再び政治の中心に返り咲いたのである。関白が後白河側に回ったことで、もはや若年の高倉天皇では後白河に対抗することは困難であり、在京する宗盛以下に後白河を制止できるはずもなく、政務は後白河のなすがままとなってしまったのである。

おりしも、再び延暦寺をめぐる情勢が緊張していた。今度は、延暦寺における修学の僧徒学生と、下級の僧侶堂衆とが対立したのである。すでに前年八月に武力による衝突が始まっていたが（『天台座主記』)、ついに治承三年七月二十五日に宣旨によって官軍が派遣されることになり、清盛が追討使の人選を行っている(『玉葉』七月二十八日条)。

追討軍の派遣は十月にずれ込んだが、命を受けた平教盛が押領使《おうりょうし》平清貞《きよさだ》率いる五〇〇騎を派遣、堂衆がこもる近江三ヵ荘を焼き払うに至った(『山槐記』十月三日条)。しかし、堂衆はその後も横川《よかわ》に立てこもったため、十九日には平氏主力の知盛、そして経盛が派遣されることになる(『玉葉』)。

しかし、官兵は坂下に至ったものの(『玉葉』十一月三日条)、山上に攻め上ることはできなかった。このため、堂衆は学生に対して激しい攻撃を行い、十一月二日には西塔《さいとう》に討ち入り、堂舎五宇《う》、学生らの房舎三十余宇を焼き払うに至った(『百練抄』)。こうした事態を鎮圧できない平氏に対する非難は当然激化する。そして当時、関白基房と結んで人事権を掌握するなど、政治主導権を握った後白河の介入を招く可能性が高まることになる。かつての鹿ヶ谷事件の際と同様、諸国の武士を動員し、強引に追討を実行させることもあり得たのである。多くの諸国武士を院・天皇の動員に委ねてきた平氏の軍制上の急所を再び衝かれる恐れが出てきたといえる。

18── 藤原基房

後白河の強引な平氏攻撃、そして延暦寺をめぐる危機的状況の中で、ついに清盛は政変を惹起した。治承三年十一月十四日、福原から大軍を率いて上洛、京を占領した清盛は、翌十五日、後白河と結んだ関白藤原基房と息子権中納言師家を解官し、かわって女婿の近衛基通を関白・氏長者《うじのちょうじゃ》に補任した。解官された関白基房は、備前国に配流されることになる。

翌十六日、鹿ヶ谷事件の直前に後白河によって配流された明雲を天台座主に復帰させ、延暦寺を安元の強訴以前の体制に復帰させた。十七日には四〇名近い院近臣を解官し、太政大臣藤原師長《もろなが》、権大納言源資賢《すけかた》らを配流に処すとともに、彼ら自身の知行国、あるいは彼らが受領をつとめていた後白河の知行国を奪取した。その多くは平氏一門のものとなり、「日本秋津島《あきつしま》は纔《わずか》に六十六箇国、平家知行の国、卅余箇国、既に半国にこえたり」（『平家物語』巻第一「吾身栄花」）という状況が出現することになる。

そして二十日、清盛は後白河院を洛南の鳥羽殿に幽閉して院政を停止するに至った。やがて清盛は高倉院・安徳天皇という新たな王権を構築する。これによって、再び平氏と王権は一体化し、地方武士の動員における軋轢は最終的に解消されることになる。

この時、左衛門督を解任された頼盛が、清盛と戦うという噂が流れている（『玉葉』十一月二十日条）。先述のように元来八条院・二条親政派であった頼盛は、仁安三年（一一六八）の高倉即位に鋭く反発したことがある。しかし、清盛に対抗しようとした頼盛は、今度は後白河近臣として清盛に反抗を示したのである。

その彼も戦うことなく屈伏し、以後は「ナガク弓箭《きゅうせん》ノミチハステ候ヌル由」を清盛に申し入れた（『愚管抄』巻第五「安徳」）。このことは、長らく続いた清盛と頼盛の確執が、最終的に決着するとともに、平氏一門内で清盛に対抗しうる存在が消滅したことをも意味する。

ついで清盛は、下北面たちを攻撃し、検非違使大江遠業が自殺に追い込まれたほか、藤原為行《ためゆき》・為《ため》保《やす》らが殺害されている（『百練抄』十一月二十一日条、『玉葉』十一月二十四日条）。かつて、成親と重盛の連携の下、検非違使などとして活躍した下北面も壊滅したのである。平氏一門以外で京に残った武士は、清盛に従順な源頼政以下、わずかな京武者たちに過ぎない。彼らの武力はいずれも弱小で、平氏の脅威となることはおよそ想像しがたいものであった。

かくして、治承三年政変の結果、清盛は平氏一門内の対抗勢力、院の下北面など、京における平氏以外の軍事警察権の担い手を一掃した。そして、清盛の意に反する地方武士動員を行いかねない後白河の院政をも葬り去ったのである。この結果、清盛は一門内部の不和、王権に依存した地方武士の動員といった平氏の弱点を解消し、京における軍事的権限を一手に集中するに至った。しかし、その強引な姿勢が、新たな抗争の火種ともなったのである。

Ⅲ　内乱の勃発

19—伝源頼朝像

源頼朝は，東国の平氏家人を打破り坂東を占領した．東国武士を家人に組織し，新たな政治権力である鎌倉幕府を築いた．

治承三年政変で後白河院を幽閉した清盛は、独裁的な権力を掌握した。しかし、強引な手法は鋭い反発を招き、翌年五月には後白河の皇子で、八条院の猶子であった以仁王が、ついで八月、東国において源頼朝が挙兵することになる。

平氏は以仁王挙兵を短期間で鎮圧したものの、東国の平氏家人は頼朝挙兵の早期鎮圧に失敗し、富士川合戦における追討使の敗北で、反乱は全国に拡大することになる。

本章では、一介の流人にすぎない頼朝の反乱を平氏が早期に鎮圧できなかった原因、富士川合戦の影響と、内乱激化に対する平氏の対応について、検討することにしたい。

1 以仁王・頼朝挙兵

以仁王挙兵と平氏の対応

治承四年（一一八〇）五月十五日、後白河の第二皇子であった以仁王の挙兵計画が露顕《ろけん》し、王の三条高倉の邸宅が追捕された。しかし、そこに王の姿はなかった。彼はいち早く脱出し、園城寺に匿《かくま》われていたのである。王に事態を告げたのは、彼と行動をともにする摂津源氏の老将源頼政であった。

挙兵の首謀者について、『吾妻鏡』や『平家物語』は頼政とする。『吾妻鏡』（四月九日条）は、頼政が日頃の「宿意《しゅくい》」を実現するために、以仁王に挙兵を勧めたと記す。しかし、頼政はすでに七七歳の高齢、しかもこの二年前には清盛の推挙で従三位に昇進しており、武門源氏初の公卿となっていたのである。平氏打倒の「宿意」があったとは考え難い。一方、『平家物語』には、息子仲綱《なかつな》が、清盛の嫡男宗盛に侮辱《ぶじょく》されたという逸話が掲載されているが、そのようなことが一門の運命を懸けて挙兵する原因であったとはとうてい考えられない。

つとに上横手雅敬氏が指摘されたように、挙兵の首謀者は以仁王と考えられている。彼は母が大納言藤原季成《すえなり》の娘という高い身分であったにもかかわらず、平氏の圧力で親王宣下を受けることができず、さらに直前の治承三年政変で父後白河を幽閉され、自身の所領も奪われた。また、最大の荘園領主で、自身がかつては女帝候補ともなった鳥羽院の皇女八条院の猶子として、その政治的・経済的支援を受けて来たのである。

頼政は長年八条院に仕えた武将であり、以仁王の挙兵に際し、女院の依頼を受けて参戦したものとみられている。頼政が首謀者とされたのは、承久《じょうきゅう》の乱《らん》後の武士優位の時代に書かれた『吾妻鏡』や『平家物語』が、武士の主導を当然とした結果である。挙兵には、八条院の蔵人など、家政機関の職員、八条院領の武将などが加わっており、八条院の影響力の強さがわかる。その蔵人となった源行家《ゆきいえ》によって、諸国の源氏に平氏打倒を呼びかける以仁王令旨《りょうじ》が伝えられることになる。

また治承三年政変や清盛の宗教政策に反発する権門寺院も参加していた。このように、密かに進行しつつあった挙兵計画は大規模なものだったのである。しかし、密告によって事態は組織不十分のうちに露顕、以仁王は園城寺に脱出したのである。

五月二十一日、平氏は園城寺攻撃を決定、宗盛以下一〇名の将軍を決定する。その顔ぶれは前右大将宗盛以下、頼盛・教盛・経盛・知盛・維盛・資盛・清経《きよつね》・重衡《しげひら》、そして源頼政であった。特定の大将軍の元に軍勢が統制されるのではなく、一門の寄せ集めの形態をとっていたことも、これまでの強訴などの対応と共通するところといえる。まさに一門総出の攻撃であり、園城寺攻撃に平氏が大きな危機感を抱いていたことがわかる（『玉葉』五月二十一日条）。

追討軍の将軍として、頼政の名前が挙がっているように、平氏はまだ反乱計画の奥深さを知らなかった。それだけに、翌日頼政が一門とともに園城寺に走り、旗幟《きし》を鮮明にしたことは、平氏一門に大きな衝撃を与えた（『玉葉』五月二十二日条）。単に頼政一門だけの問題ではない。彼が以仁王を支援したことは、その背景に八条院があり、彼女に関係する膨大な勢力が関与していたことが判明したためである。興福寺・延暦寺にも参戦の動きが出たこともあって、安徳天皇が福原に避難するという噂まで流れるに至った。

しかし、延暦寺は以仁王に味方せず、興福寺も上洛することはなかった。園城寺内に裏切りが出たこともあって、二十六日未明、わずかな供とともに以仁王・頼政らは南都に向けて園城寺を出立した。この機を捉えた平氏は、家人である検非違使平景高《かげたか》・藤原忠綱《ただつな》ら二百余騎を派遣、宇治付近の激戦によって以仁王・頼政らを殲滅したのである（『玉葉』『山槐記』五月二十六日条）。

　この時は、平景高・藤原忠綱・源重清《しげきよ》の三人が指揮官として各々軍勢を率いる形をとった。頼政を討ち取ったのは景高、勇猛だった源兼綱《かねつな》を討ったのは忠綱の軍勢である。この時、討ち死にした武士たちには、頼政の基盤である渡辺党の面々、そして八条院蔵人で、義仲の兄だった仲家《なかいえ》、のちに誤報とわかるが八条院領の荘官足利義清《よしきよ》らの名前が見える（『山槐記』五月二十六日条）。頼政・八条院関係者が中心であったことが明らかである。

20――平等院鳳凰堂

　討伐に向かった武将のうち、中心となった景高は、忠清の一門平景家《かげいえ》の子で、宗盛の乳母子でもあった。宗盛の乳母子の活躍は、重盛亡きあと、宗盛が京における平氏の軍事行動の中心となったことを物語る。一方の忠綱は小松殿一門の腹心、平氏の侍大将忠清の子で、伊勢古市《ふるいち》を拠点とする一族の出身である。宗盛の腹心景高を中心に、重盛と関係深い忠清の息子がそれを補佐する役割を果たしているところに、当時の平氏一門の内情がうかがえる。なお、重清は多田満仲の弟満政の子孫にあたり、美濃付近を拠点として代々検非違使などをつとめる京武者である。

彼らの軍勢は、約二〇〇騎という限られたものであった。相手も五〇騎程度ということで、精鋭の家人のみが派遣されたのである。ただ、大番役で上洛していた三浦義澄《よしずみ》・千葉《ちば》胤頼《たねより》らが「官兵」として抑留されたように（『吾妻鏡』六月二十七日条）、家人のみで決着がつかない時、あるいは興福寺の大軍が出現した時に備えて公的に動員された「官兵」の派遣が予定されていた。

『玉葉』五月二十六日条の記述によると、平氏一門の重衡・維盛が宇治に赴いているが、おそらく彼らが「官兵」を率いて出立したのであろう。しかし、彼らは敵を討ち取った景高らに遭遇して帰京しており、官兵が合戦に参加することはなかった。平氏は、精鋭部隊である家人の力で以仁王の乱を鎮圧したのである。

頼朝の挙兵

以仁王挙兵の鎮圧後、平氏がどのように残党を追捕したのかは不明確である。頼政の孫を追捕するために、平氏家人大庭景親が東国に下向したのは、ようやく八月になってからであった（『吾妻鏡』八月二日条、『玉葉』九月十一日条）。また、園城寺・興福寺に対する処罰も加えられることはなかった。

以仁王と親しかった「相少納言」宗綱《むねつな》に対する尋問などは行われているが、当時の記録を見る限り、平氏が以仁王残党の追捕に躍起になった形跡はないのである。清盛以下の一門は、六月二日に急遽《きゅうきょ》強行された福原遷幸《せんこう》と、大きな混乱を惹起していた遷都《せんと》計画が焦眉《しょうび》の課題となっていた。

以仁王についで平氏打倒の兵を挙げたのが、源頼朝である。本来、頼朝は八条院や以仁王とは政治的関係を有していないので、彼の身辺を追及する動きがあったのか否かは不明確である。しかし、知行国主頼政が以仁王とともに滅亡し、平氏一門の平時忠が新たな知行国主となったことが、伊豆国現地に大きな影響を与えたことは疑いない。この結果、伊勢平氏傍流で流人であった平兼隆《かねたか》が目代となり、従来の北条・工藤といった在庁官人《ざいちょうかんじん》に代わって、平氏一門や兼隆と結ぶ伊東祐親《いとうすけちか》や堤信遠《つつみのぶとお》らが勢力を拡大したのである。頼朝を女婿として支援していた北条時政《ほうじょうときまさ》の後退は、頼朝に大きな危機感を与えたに相違ない。

『吾妻鏡』六月十九日によると、乳母の甥で京にいた三善康信《みよしやすのぶ》から、頼朝に重大な情報が届けられた。康信は、以仁王関係者に対する平氏の追及が厳しくなりつつあるとして、早急に陸奥の藤原秀衡のもとに亡命すべきことを勧めたのである。しかし、頼朝はそれに従うことなく、逆に挙兵の意志を固めて相模国内の「累代御家人」を招集しようとするに至った（同書六月二十四日条）。

しかし、頼朝の最も信頼すべき存在であるはずの乳母子山内首藤経俊《やまのうちすどうつねとし》、佐伯経範が頼義に仕えて以来、文字通り累代の主従関係を有したはずの波多野義常らは頼朝の招集を峻拒《しゅんきょ》したばかりか、罵詈《ばり》を浴びせた（七月十日条）。昔の誼《よしみ》など、あてになるものではない。しかも、彼らから平氏に情報が漏洩《ろうえい》することも疑いない。

それでも頼朝は動じることはなかった。そもそも義常の父義通は、先述のように平治の乱の前年に

21――蛭ヶ島の頼朝・政子像（伊豆の国市）

父義朝と決別し（『吾妻鏡』十月十七日条）、治承三年には清盛に侍所を提供しようとしたのである。頼朝も当然こうした反応は予測していたことであろう。したがって、頼朝が挙兵に際して最も頼りにしていたのは、「累代の家人」などではなかったことになる。彼らの協力がなくとも、すでに挙兵の成功をある程度見通していたのである。

では、頼朝挙兵を決断させたのは何か。ここで注目されるのが、京で大番役を終えた千葉胤頼・三浦義澄が伊豆北条の頼朝のもとを訪問した『吾妻鏡』六月二十七日条の記事である。当時、内裏警護を担当する大番役は任期四年であった。治承四年は交代の年に当たっていたが、以仁王の事件のために京に抑留されたこともあって、帰郷は予定より遅れていた。それにもかかわらず、平氏の監視の目をかいくぐり、危険を冒して二人は頼朝を訪問したのである。これが単なるご機嫌伺いであろうはずはない。

二人のうち、千葉胤頼は下総の豪族千葉常胤《つねたね》の六男ながら、上洛して後白河の同母姉上西門院《じょうさいもんいん》に仕えて叙爵し、従五位下となっていた。彼と同行した三浦義澄は相模の在庁官人である。後白河の同母姉上西門院に仕える胤頼、治承三年政変まで後白河の知行国だった相模の在庁官人義澄という、ともに後白河に連なる武士たちの来訪が、頼朝に重大な情報をもたらしたことはいうまでもない。

彼らは千葉・三浦氏、そして三浦氏と姻戚関係をもち、やはり後白河知行国の在庁官人であった上総介広常《ひろつね》など、後白河所縁《ゆかり》の豪族たちの挙兵の決意を頼朝に伝えたものと思われる。さらには、上横手雅敬氏の指摘のように、挙兵を促す後白河からの密旨《みつじ》をもたらした可能性がある。頼朝は彼らの訪問の三日前に挙兵を決断しているが、おそらく彼らから事前にもたらされた情報で挙兵を決断したのであろう。平氏の抑圧に反抗する東国武士、とくに後白河と関係の深い武士たちの動向を把握したことに決断の原因があった。

後述するように、頼朝挙兵の動きは平氏側も察知するところとなっていた。もはや躊躇する余裕はない。八月十七日、頼朝は伊豆の在庁官人北条時政・工藤茂光《もちみつ》、相模の在庁官人土肥実平《どひさねひら》以下を率いて挙兵、伊豆の目代平兼隆を打倒したのである（『吾妻鏡』）。

平氏方の対応

頼朝の挙兵に、平氏家人はどのように対応したのであろうか。平氏方が頼朝の動きを察知していた史料がある。『吾妻鏡』八月九日条によると、平氏の有力家人で相模の武士である大庭景親は、在京中に平氏の侍大将である上総介伊藤忠清に招かれ、駿河における平氏家人長田入道からの報告を読み聞かされた。それは、北条時政と比企掃部允《ひきかもんのじょう》とが頼朝を擁立し、謀叛を企てているというものであった。すでに亡くなっている比企の名前が挙がっているなど、不正確な面もあるが、この情報が、先述のように相模の武士を招集し、挙兵準備を進めつつあった頼朝の動向を伝えたものであることはいうまでもない。

また、すでに指摘があるように、「坂東八ヶ国ノ侍ノ別当」(『延慶本平家物語』第二末「三浦ノ人々兵衛佐ニ尋合奉事」)と称された忠清の下に、長田・大庭といった有力家人が組織され、坂東に関する情報が集められていたことがわかる。坂東に強い影響力をもった重盛の死去後、坂東の家人統制を担当したのが、かつての重盛家人で、上総の受領《ずりょう》に就任した忠清だったのである。治承三年に計画された清盛・知盛の東国下向と家人統制は実現しなかったが、忠清を中心に平氏家人の連携が形成されつつあった。

忠清から東国情勢に関する諮問《しもん》を受けた大庭景親は、八月初めに相模に下向した。しかし、先述のように、これは頼朝追討のためではなかった。景親は清盛の命を受け、東国に逃れた頼政の孫を討伐しようとしたのである(『玉葉』九月十一日条)。頼朝の動きを薄々察知しながらも、挙兵を未然に防ぐことはできなかった。果たせるかな、頼朝に伊豆目代平兼隆を殺害されてしまったのである。

しかし、その後、景親を中心とした平氏の動きは迅速であった。頼朝挙兵から一週間もたたない二十三日、景親は、相模の武士三〇〇〇騎を統率して石橋山《いしばしやま》に向かい、伊豆の伊東祐親の三〇〇騎とともに、相模の三浦氏との合流を目指した頼朝軍を挟撃した。頼朝は惨敗を喫して辛くも箱根山《はこねやま》に隠れ、その後、小舟で房総半島に脱出することになる(『吾妻鏡』八月二十三、二十四、二十八日条)。この報告は九月六日に福原に到着し、平氏一門を安堵《あんど》——換言すれば油断させたのである。

一方、相模に隣接する武蔵国は、平氏の軍制の中心ともいうべき平知盛の知行国であった。平治の乱後、藤原信頼の知行国を没官する形で知盛が受領に就任し、一時頼盛の子知重が受領となるが、治承四年当時は知盛の嫡男知章《ともあきら》が受領となっており、長期間にわたって知盛の影響力が浸透していた国であった。畠山重忠《はたけやましげただ》が平氏の重恩に報いるためと称して挙兵し、留守所総検校《るすどころそうけんぎょう》河越重頼《かわごえしげより》らとともに再度三浦氏と合戦、ついに衣《きぬ》笠城《がさじょう》を攻め落として義明《よしあき》を殺害したのである（『吾妻鏡』八月二十七日条）。

このほか、宗盛が治承三年政変以前から知行していた駿河国でも、目代橘遠茂や、尾張で義朝を殺害した長田忠致《ただむね》の後身とする説もある長田入道が平氏方主力として活動している。長田は、頼朝の不穏な動向について早速忠清に報告していたことは、先述の通りである。このように、平氏の長年の知行国では、有力武士との結合が見られ、内乱勃発段階ではいち早く鎮圧に動いたのである。

なお、頼朝追討の中心となった大庭景親は、桓武《かんむ》平氏良文流《よしぶみりゅう》の

22――石橋山に所在する佐奈田霊社（神奈川県小田原市）

鎌倉党に属し、三浦氏とは同族になる。大庭氏は、鳥羽院政期の天養《てんよう》年間（一一四四〜四五）に本領大庭御厨《おおばのみくりや》を頼朝の父義朝や三浦一族らに侵略され、屈伏したごとくである。保元の乱に際し、景親は兄景能《かげよし》とともに義朝の配下として参戦、景能は為朝の強弓によって負傷している。その後、景親は清盛に接近して腹心となったとされる。その経緯は不明確だが、個別的な事情による主従関係の形成といえる。

景親は、清盛から「私に遣わす」とされるように、直接的に命令を受ける立場にあった。彼は、相模国における後白河の知行が否定され、従来の在庁官人三浦・中村氏が勢力を低下させたのをきっかけに、平氏家人の立場を背景として大きな権力を拡大しつつあった。野口実氏は、景親が相模国内の武士を動員し、守護に相当する役割を果たしていたこと、上総介広常の召喚も担当（『保暦間記』）していたこと、先述のように伊藤忠清の諮問を受け、清盛の私的命令を受けたことなどから、清盛に個人的に近侍し、平氏の軍事的中枢に近い位置にあった有力武将と評価される。のちの史料ではあるが、『源平盛衰記』（巻第二〇「佐殿・大場勢汰事」）に、清盛の「東国ノ御後見」と称されたことも、彼の重要性を物語るものであろう。

このように、頼朝挙兵に際し、相模の大庭景親、武蔵の畠山重忠らが、迅速に反乱軍を打ち破ることに成功した。有事に際してまず有力な家人が対応するという平氏軍制は機能し、反乱は以仁王挙兵と同様に短期間で鎮圧されるかに見えたのである。しかし、事態は平氏側の想定とはまったく異なる展開を見せることになる。

2 頼朝の勝利

上総介広常の活躍

いったんは石橋山合戦で手痛い敗北を喫した頼朝だが、土肥実平の用意した船で対岸の安房国《あわのくに》に逃れ、再起に成功する。『吾妻鏡』によると、安房に渡った頼朝は、三浦氏の力により平氏方の長狭常伴《ながさつねとも》を打倒し、安西景益《あんざいかげます》以下の武士を組織したのである。安房は三浦氏の勢力圏であり、また北条時政と親しい藤原経房《つねふさ》の知行国であったことも、頼朝が脱出先とした一因であろう。ここで頼朝は、上総介広常・千葉常胤といった豪族たちに参戦を呼びかけたのである（九月四日条）。

『玉葉』の九月十一日条によると、朝廷に衝撃的な情報が届けられた。石橋山合戦の勝利ののち、「上総国住人介八郎広常、并《ならび》に足利太郎」ら、隣国の有勢の者が多数頼朝に味方し、逆に景親を殺害しようとしているというのである。いったん石橋山の勝報に接した兼実は、「かくのごときこと、浮説端多か」と信じようとしていない。それほど事態は急転したのである。石橋山合戦の勝報とともにもたらされた、反乱の早期解決という平氏の見通しは裏切られた。

頼朝再起の立役者こそ、上総介広常に他ならない。広常は、かつて房総半島で大規模な反乱を起こ

23—広常が拠点とした上総一宮玉前神社（千葉県長生郡）

した平忠常《ただつね》の子孫であり、代々上総権介《かずさごんのすけ》を世襲し、国衙の実権を握る大豪族であった。頼朝の父義朝は東国に下向して「字上《か》総曹司《ずさのぞうし》」（『天養記』）と称されたように、広常の父常澄《つねずみ》に受け入れられた。上総介氏は摂関家領菅生荘《すごうのしょう》の荘官として摂関家、河内源氏とも関係をもつ側面もあったのである。

『吾妻鏡』は、千葉常胤以下の千葉一族が頼朝の呼びかけに積極的に応じたのに対し、広常は消極的な態度をとったが、その背景には場合によっては頼朝を亡き者にしようとする意志があったためと説明している（九月十九日条）。これに対し、東国武士団研究の第一人者野口実氏は『吾妻鏡』の説明を、寿永二年（一一八三）に広常が頼朝に粛清された事実を遡及させたものとして否定する。以下、野口氏の研究にそって、上総介氏の立場や活動を取り上げることにしたい。

まず上総介氏と三浦一族とは提携しており、広常の弟金田《かねだ》小大夫頼次《よりつぐ》も三浦義澄の救援に駆けつけている（『吾妻鏡』八月二十四日条）。しかも、後白河知行の下で上総国の在庁官人をつとめた広常は、治承三年政変で同国の受領となった平氏の侍大将伊藤忠清にさまざまな抑圧を受けていた。たとえば、忠清は広常・能常《よしつね》父子を京で幽閉した他、また平氏方となっていた広常の庶兄常義《つねよし》を重用したという。このように、忠清によって窮地に追い込まれた上総介広常らは、当初から頼朝に協力的であったと考えられる。したがって、広常一族の協力こそ、敗北後の頼朝・三浦が房総半島に脱出する前提だったのである。

広常が頼朝のもとに遅参したのは事実だが、その原因は平氏側の強い抵抗を排除し、国内武士団を大規模に糾合《きゅうごう》するためであった。『玉葉』の記述から考えて、広常はすでに八月終わりころには挙兵していたものと考えられる。『吾妻鏡』には記述がないが、上総国府で伊藤忠清の目代も討伐されている。頼朝直属軍が討ち取ったのなら『吾妻鏡』に記述があるはずなので、目代を討ったのは広常と考えられる。『玉葉』九月十一日条に見える広常の行動は、目代の討伐ではないだろうか。

目代討伐こそは、広常の活動の中で、とくに大きな意味をもったと考えられる。野口氏の研究によると、この目代は、伊藤忠清の一族であるとともに、かの明恵上人《みょうえしょうにん》の父で、高倉院の武者所をつとめた平重国《しげくに》の可能性が高い。先述のように、忠清は坂東における「侍ノ別当」として、平氏家人統制の中枢にあった。そうであれば、忠清の代官である目代こそは、上総やその周辺における平氏方の中心であり、おそらくは房総半島に存在する平氏家人の統括役だったのではないだろうか。したがって、目代の討伐によって、房総半島全体における合戦の帰趨が決定された側面もあったと考えられる。

房総半島の制圧

『吾妻鏡』は、上総介と対照的に千葉一族が頼朝の挙兵にいち早く応じたことを強調する。しかし、同書文治《ぶんじ》二年（一一八六）正月三日条によると、胤頼の勧めで常胤が頼朝のもとに参戦したとして、胤頼の功績が特筆されている。このことは、一族の動向に微妙な面もあったことをうかがわせる。鳥羽院政期の康治《こうじ》年間（一一四二～四四）、千葉氏は開発した相《そう》馬御厨《まのみくりや》の領有権をめぐり、頼朝の父義朝を擁立した上総介常澄と対立、屈伏させられた過去もあるだけに、河内源氏に対する思いは複雑であった。

その常胤が最終的に頼朝に応じたのは、その周辺の情勢が関係する。当時の下総の受領・知行国主は不明であるが、下総目代は平氏方であった。平氏の権威を背景に、かつて平治の乱後には義朝郎従であることを理由に、所領相馬御厨を奪取されたことのある千葉氏に対し、さまざまな圧力を加えたものと考えられる。

また、平忠盛の女婿で、その姪が重盛の室となっていた千田判官代親政も、千葉氏に対する脅威であった。かつて、平治の乱後に相馬御厨を奪取されるきっかけとなったのも、親政の祖父親通が義朝介入以前に奪取した「圧状《おうじょう》」であった。そして、千田氏と結んで相馬御厨を最終的に奪取した常陸の佐竹《さたけ》氏も、平氏と結んで権勢をふるっていた。下総国における知行国主の交代は確認できないものの、平氏政権の成立とともに、千葉一族が平氏家人たちから、強い抑圧を受けていたことは疑いない。

また、すでに述べたように、胤頼は上洛して後白河の同母姉上西門院に近侍していた。彼女を通して後白河にも祗候していたものと考えられる。それだけに、平氏側との軋轢もより強まったことであろうし、治承三年政変に対する憤慨も大きなものであったと考えられる。彼がまず頼朝のもとを訪問して後白河の密旨を伝え、常胤を説得して頼朝側に参戦させたのも、後白河との関係を通して考えることができるのではないだろうか。

『吾妻鏡』(九月十七日条)は、千葉氏の独力で千田氏を滅ぼしたように記述するが、『源平闘諍録《げんぺいとうじょうろく》』によると、苦戦する千葉氏を救援し、勝利をもたらしたのは、上総介広常の軍勢であったという。房総半島における頼朝側勝利を決定付けたのは、やはり広常であった。『吾妻鏡』の編纂時点で、両総平氏の族長となっていたのは千葉氏であり、その権威を示すために千葉氏の事績を拡大し、上総介氏を否定的に捉える記述に終始するが、やはり反乱の中心が広常であったことに相違はない。

伊藤忠清は、先述のように後白河知行下の在庁官人であった広常を抑圧し、庶兄常義を対抗させるなど、種々の圧力を加えたが、それは失敗に終わった。常義は、富士川合戦に際し平氏と同道して敗死している(『吾妻鏡』十月二十日条)。おそらく上総国で広常に対抗する基盤を築くことができなかったのであろう。そして、広常がいち早く上総目代を殺害したことで、房総半島における平氏家人の連携は分断され、下総目代、千田氏らは広常・常胤らに各個撃破されてしまったのである。

坂東における侍別当として、家人統制の最高責任者であった忠清は、重盛やその系統の小松殿に仕えていた。また千田親政も姪を重盛の室とし、資盛を儲けていた。房総半島における有力な平氏家人は、小松殿の一門と密接に関係していたのである。このため、房総半島における平氏家人の敗北の責任は、小松殿一門に帰されたのではないだろうか。ここに、小松殿一門の長兄にあたる維盛が危険な前線指揮官に任じられ、忠清とともに東国に下向させられた原因が存したものと考えられる。

一方、頼朝は上総介・千葉両氏の協力で、房総半島を制圧することに成功した。『吾妻鏡』九月二十九日条によると、頼朝の軍勢は二万七〇〇〇に及んだという。これに勢いを得た頼朝は、武蔵国に向けて軍を進めたのである。

東国平氏家人の敗北

房総半島の情勢が、東国における頼朝の勝利を決定付けることになる。当初、三浦一族を攻撃した武蔵の畠山・河越・江戸《えど》といった武士団も、敵対は困難とみて十月四日には頼朝軍に合流した（『吾妻鏡』）。基本的には頼朝優勢の情勢による行動であるが、河越重頼の場合は頼朝の乳母比企尼《ひきのあま》の婿であることが関係していた。また河越氏と畠山氏の軋轢など、武蔵秩父《ちちぶ》一族も一枚岩ではなく、強大化した頼朝軍とあくまでも対抗し、平氏方の立場を維持することは困難であった。

むろん、彼らは敗北して軍門に下ったわけではなく、有勢の者を「抽賞《ちゅうしょう》」しなければ平氏打倒が困難であるとする頼朝の判断によって合流したのである。敵対者を徹底的に糾弾することを回避することで、降伏する者を増やすとともに、東国武士相互の無用な抗争をとどめ、平氏攻撃に向かわせようとする頼朝の方針であった。これによって頼朝軍はたちまちに肥大化し、大庭・伊東のようにあく

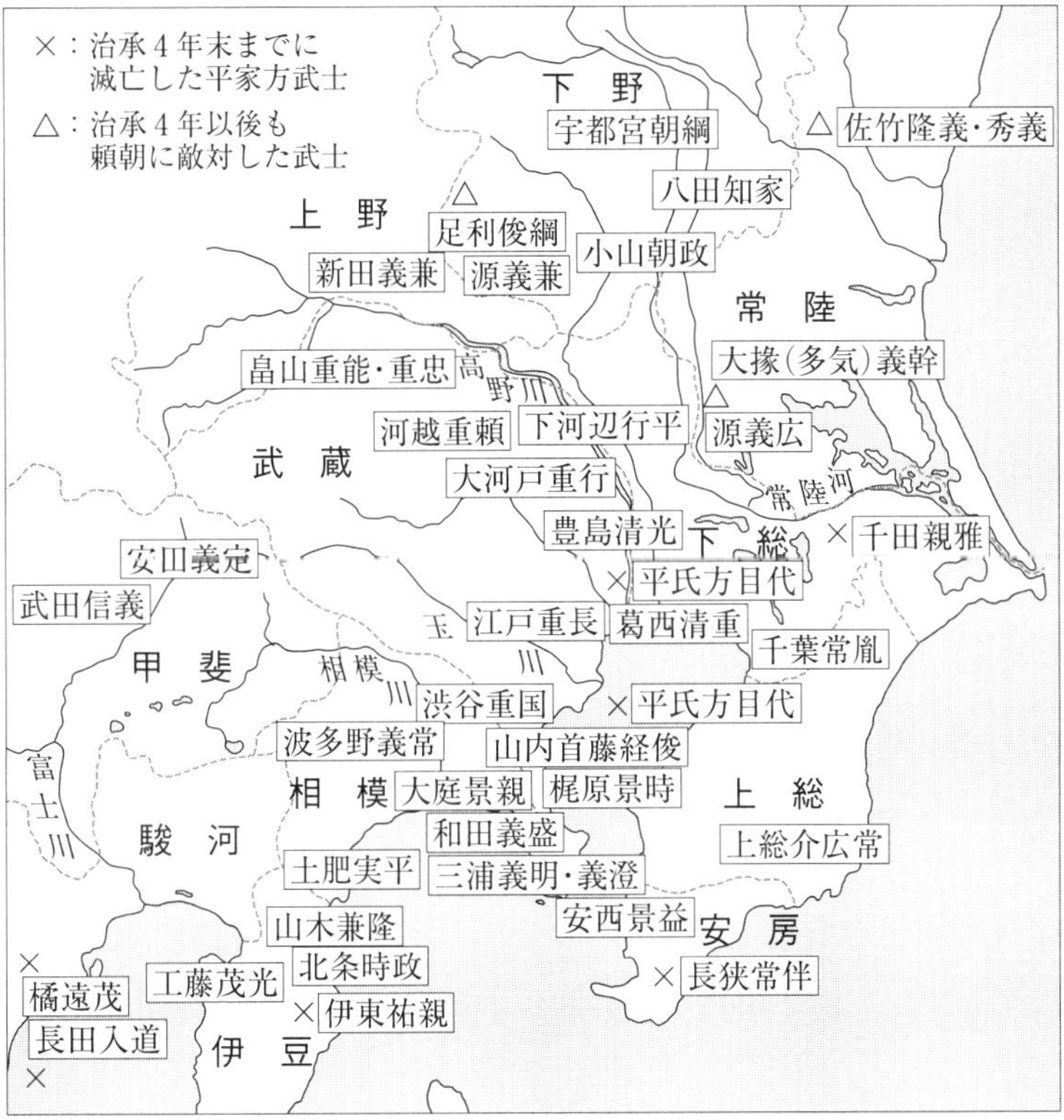
×：治承４年末までに
滅亡した平家方武士
△：治承４年以後も
頼朝に敵対した武士
下野
宇都宮朝綱
△佐竹隆義・秀義
八田知家
上野
△
足利俊綱
小山朝政
新田義兼
源義兼
常陸
畠山重能・重忠
高野川
大掾(多気)義幹
△
河越重頼
下河辺行平
源義広
武蔵
大河戸重行
常陸河
豊島清光
下総
×千田親雅
安田義定
×平氏方目代
武田信義
玉川
江戸重長
葛西清重
千葉常胤
甲斐
相模川
渋谷重国
×平氏方目代
波多野義常
山内首藤経俊
富士川
相模
大庭景親
梶原景時
上総
駿河
和田義盛
上総介広常
土肥実平
三浦義明・義澄
安西景益
山木兼隆
安房
×
北条時政
×長狭常伴
工藤茂光
橘遠茂
×伊東祐親
長田入道
伊豆
×

24――関東の武士団配置図

までも平氏に従う武士団を徹底的に攻撃することになる。

ただ、三浦一族が、家長《かちょう》義明の仇敵である畠山・河越氏以下の武蔵武士団に、内心不満を有したことは当然であった。このことが、鎌倉幕府成立後の内紛において、河越重頼一族、畠山重忠一族らが次々と滅亡する遠因となるのである。

それはともかく、南関東諸国の武士団は頼朝のもとに統合されるに至った。その背景には、後白河知行国であった相模・上総、源頼政知行国であった伊豆において、平氏家人の勢力拡大に反発した在庁官人らの活躍があった。また、平治の乱以前に鎌倉を拠点として義朝が活動したことも影響したものと考えられる。

次に北関東に目を転じてみよう。知行国主の交代もなく、義朝の影響力も低かった上野国《こうずけのくに》では、河内源氏傍流である新田義重が、拠点である上野国寺尾城《てらおじょう》に籠もり、義家嫡流を称した（『吾妻鏡』九月三十日条）。彼は義家の三男義国《よしくに》の長男で、流人の身の上で謀叛を起こした頼朝を討伐することで、自身を河内源氏の嫡流に位置づけようとしたのであろう。こうした義重の行動の背景には、平氏に近侍する彼の立場が関係していた。『山槐記』九月七日条によると、彼は東国に下向するまで右大将平宗盛のもとにいたとあり、元来宗盛家人だったのである。

かつて義重は、下野の足利俊綱が足利荘の荘官を解任された際、その地位をいったん与えられながら、重盛の判断で俊綱に奪い返されたことがあった（『吾妻鏡』養和元年九月七日条）。この事件を通して野口実氏は、平氏には家人相互の対立を放置し、それによって忠誠競争を煽《あお》る面があったとして、平氏の家人統制の拙劣さを指摘している。義重が、重盛や小松殿ではなく宗盛に仕えたのも、足利荘に関する重盛の措置が関係していたのであろう。

内乱勃発後も藤姓足利氏との対立は継続しており、足利氏は上野国にも侵入し新田氏の領域を侵害することになる。先述のように、『玉葉』九月十一日条には、介八郎（広常）とともに、故利綱《としつな》の子足利太郎（忠綱《ただつな》）が頼朝に味方したという記事があるが、これは足利氏が新田の所領を侵害したことを示すものであろう。のちには義仲の進出もあって、諸方面から圧力を受けた義重は、治承四年暮れに頼朝の軍門に降ることになる。

新田義重と対立した足利俊綱は、先述のように『吾妻鏡』が重盛の家人であったとしているし、『平家物語』（巻第四「橋合戦」）に息子忠綱が宇治川合戦に参戦したことが見えることから、有力な平氏家人とされる。ただ、『平家物語』の記述には疑問も呈されているし、先述のように『玉葉』九月十一日条には広常とともに平氏に背いたとする記述がある。忠綱も義仲と結んだ信太《しだ》（志田とも、以下信太）義広《よしひろ》（義憲、義範とも。以下義広）の反乱に加わっているので、単純に平氏方とは見なされない。

重盛家人は、重盛の死去後、立場を悪化させ、他の平氏家人との対立もあって、武田有義、緒方維義らのように、平氏に背いた者が多い。また忠綱が連携した信太義広が八条院領を基盤としており、足利荘自体が八条院領であることなどを考え合わせるならば、俊綱は内乱勃発を契機に反平氏の立場を明らかにしたが、頼朝とは結ばずに自身の勢力拡大を図るとともに、八条院と関係する勢力との連携を目指したものと考えられる。

下野国は、かつて義朝が受領をつとめたこともあって、その影響を受けた豪族もあった。小山《おやま》氏は、当主政光《まさみつ》、嫡男朝政《ともまさ》が大番役で在京していただけに、立場は微妙であったが、頼朝の乳母寒河尼《さむかわのあま》の判断で頼朝側に参戦している。周辺で競合していた足利氏・信太義広らが、平氏に反抗的であったことから、平氏方に立つことで挟撃されることを回避した面も存したのであろう。

このように、北関東にも平氏家人は存在していたが、南関東のように統括する存在もなく、連携も見られなかった。これは、同じ平氏家人でも、新田・足利両氏のように、当初から内紛を内包していたが、平氏が調停を行っていなかったこと、そして重盛・宗盛ら、平氏一門でも仕える武将の相違から、横の連携が乏しかったことの結果である。

以上のように、関東には平氏家人が多数存在しており、南関東では上総介忠清と大庭景親の連携のように、一定の成果があった。しかし、房総半島では上総介の攻撃の前に、連携の中心となるべき上総目代が殺害され、家人たちは連携なきまま各個撃破されてしまった。そして、北関東では元来連携にとぼしく、重盛家人であった藤姓足利氏のように、早々に平氏に背く結果となったのである。

3　富士川合戦の衝撃

平氏家人の壊滅

水鳥の羽音に驚いて敗走する臆病《おくびょう》な平氏。富士川合戦における最も印象的な出来事である。本書冒頭に掲げた斎藤実盛の談話と連携して、『平家物語』は平氏の弱体を強く印象付けることに成功している。水鳥の羽音が平氏潰走《かいそう》の一因となったことは、『山槐記』（治承四年十一月六日条）にも見えており、事実であったと考えられる。この敗北によって、平氏政権の権威は崩壊し、内乱は全国に拡大、そして深刻化することになる。なぜ、平氏はかくも無惨な敗北を喫したのであろうか。

25―富士川

その原因の一つが、追討軍下向の遅延であった。平維盛率いる追討軍が駿河に到着した時、反乱に勇敢に対処していた東国・駿河の平氏家人たちは、すでに無惨に壊滅していたのである。『平家物語』（巻第五「富士川」）に、忠清が出立遅延を悔やんだとする記述がある。実際には、忠清こそが六波羅で十死《じっし》一生日《いっしょうび》を忌《い》むべきとして出立を遅らせた張本人であったが（『山槐記』九月二十九日条）、平氏軍首脳部にそうした認識があったことは事実であろう。

平氏の追討軍が福原を出立したのは九月二十二日、そして六波羅を出立したのが九月も末の二十九日であった（『山槐記』九月二十九日条）。この間に事態は劇的に進行し、すでに十九日には頼朝は上総介広常と合流、房総半島をほぼ制圧していた。そして十月四日には武蔵武士団とも合流し、現在の東京湾沿岸にあたる南関東を制覇するに至ったのである（『吾妻鏡』）。

追討軍が駿河に到着したのは、十月十三日から十六日頃であった。後述するように、この直前に平氏の前衛部隊である駿河目代以下の家人は鉢田《はちた》合戦で全滅していたのである。出立遅延の一因は、九月六日に大庭景親から石橋山合戦の勝報が届き、すっかり平氏が油断したことにある。先述のように、六波羅の出立に際し、十死一生日を避けるか否かで、大将軍維盛と侍大将忠清が対立し、結局出立を遅らす結果となった。

十死一生の日は本拠を出立する際に忌避《きひ》される日であった。したがって、伊藤忠清が六波羅出立に際して日次《ひなみ》を選んだ背景には、福原ではなく先祖の旧宅六波羅こそが本拠であるとする意識があった。すなわち、忠清の言動には福原遷都に反対する意図がこめられていたことになる。平氏内部では深刻な問題ではあるが、これも軍事情勢が切迫していないという認識の所産である（『山槐記』九月二十九日条）。

しかし、『吉記《きつき》』十一月二日条によると、近江以東の諸国で招集するはずだった武士の参戦が思わしくなく、追討使の下向が遅れることになる。詳細は後述するが、知行国主交代による平氏家人の抑圧に対する反発、頼朝の反乱激化の噂や、飢饉《きき ん》で兵粮が不足していたことから、武士たちが参戦を躊躇したものと考えられる。その間に現地では精強な平氏家人が次々と敗北、討ち死にを遂げていたのである。

先述した鉢田合戦こそは、富士川合戦の結果を左右した重大な戦いであった。ここで平宗盛の駿河国の目代橘遠茂、そして有力家人の長田入道らが、甲斐源氏の軍勢に敗北、殲滅されたことが、追討使の惨敗をもたらしたのである。駿河国は嘉応年間（一一六九～七一）以来、宗盛の知行国であり、先述の武蔵国の場合と同様、同国の豪族は多く平氏の家人となっていた。

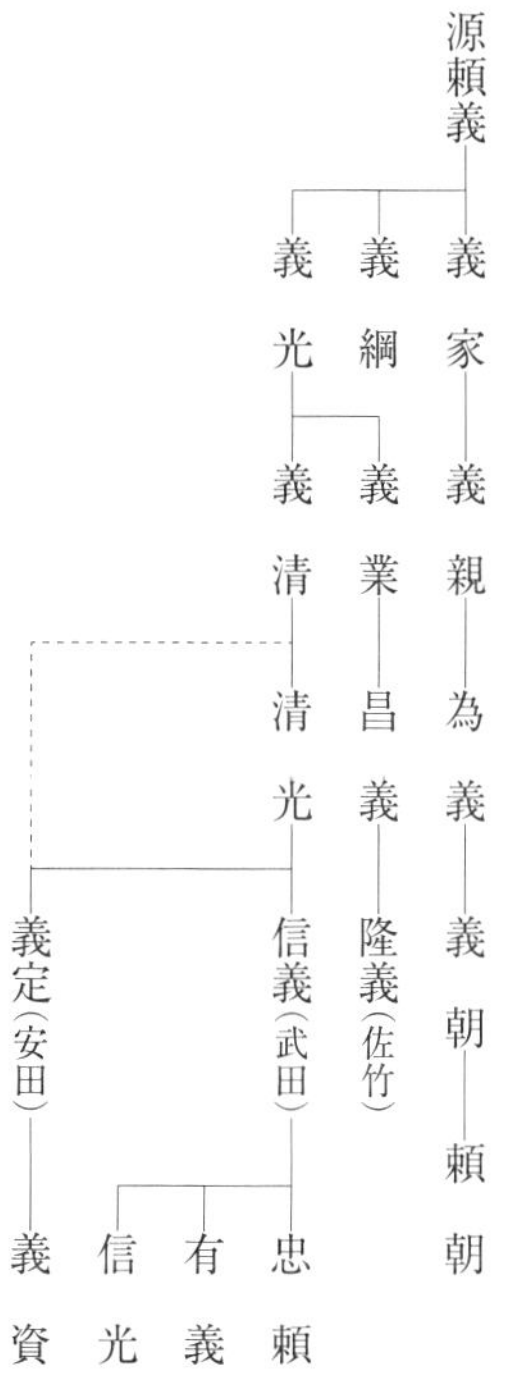

26—甲斐源氏系図

『吾妻鏡』によると、合戦は十月十四日のことで、甲斐源氏とその討伐を目指した平氏軍とが山道で遭遇、武田信光《のぶみつ》の活躍で甲斐源氏が勝利し、長田入道の子息が殺され、遠茂が捕虜となったとする。

『吉記』十一月二日条は、目代以下の軍勢二〇〇〇騎は袋小路に追い込まれ、伏兵に襲われて全滅したとし、『玉葉』十一月五日条は、目代以下三〇〇〇騎が敗北し、目代以下八〇名が斬首されたという情報を載せている。いずれにせよ、駿河の平氏家人は甲斐源氏の前に全滅してしまったのである。

平氏の場合、先述した以仁王挙兵の際の対応のように、家人による精強な前衛部隊がまず出撃し、官軍到着前のお膳立てをするのが一般的であった。この場合も、追討使到着前に出撃したことは予定通りだったのかもしれない。しかし、追討使が到着していたら、参戦する武士たちの数も増えていた可能性も高いし、余裕をもって迎撃できたのではないだろうか。また、追討使が武士の動員に難航していたこと、南関東で頼朝が着々と勝利をおさめていたことから、何としても甲斐源氏を追討し、平氏方に勝利をもたらそうとしたために、無理な出撃につながったのではないだろうか。

このほか、相模・伊豆で頼朝に抵抗した平氏方も次々と敗北していった。十月十七日には波多野義通が頼朝軍の攻撃を受けて自殺し、翌日には大庭景親が一〇〇〇騎を率いながらも頼朝軍に敵対困難として逃亡、のちに降伏して十月二十六日に処刑の運命をたどった。また十九日には伊東祐親が生け捕りとなって処刑されている（以上『吾妻鏡』）。有力な平氏家人は、相互に連携が不十分な上、頼朝軍の急激な肥大化に対応できなかったのである。

追討使潰走

治承四年（一一八〇）十月二十日未明、富士川河口付近の沼にいた多数の水鳥が一斉に飛翔した。その羽音は雷のごとし。敵襲と錯覚した平氏の軍勢は一斉に京を目指して潰走、追討使が戦わずして敗北するという前代未聞の屈辱的な事態となった。

『平家物語』は、先述のように平氏の潰走を斎藤実盛の談話に怖じ気づいた結果とし、平氏の怯《きよう》懦《だ》・弱体を象徴する出来事とするが、むろんこれは荒唐無稽《こうとうむけい》である。実際には追討軍はわずかな人数に過ぎず、数万と称された源氏軍に勝てるはずもなかった。このため、老練の侍大将忠清が撤退を力説し、大将軍維盛も承諾して撤退を準備する最中に、水鳥の羽音が轟《しどろ》きわたったのである。

追討使の軍勢が撤退を決定した原因はどこにあったのか。その一因は、すでに述べたように兵士の徴集に難航し、わずかな人数しか集めることができなかったことにある。彼らは合流を忌避し、合流した者も伴類《ばんるい》・眷属《けんぞく》を引き連れることはなかったという。多くの者は頼朝に心を寄せており、形勢を見て脱出しようとしていた（『吉記』十一月二日条）。事実、富士川での対陣中にも次々と頼朝側に降伏する者が現れる始末であった。

追討使は途中の武力徴募に依存するだけに、こうした事態は致命的な意味をもった。平氏の想像以上に、平氏政権に対する反発が強かったことになる。兵粮不足や反乱の激化を恐れたことも無関係ではないが、それより大きな原因は、沿道の国々でも相模・上総・伊豆などと同様に、知行国主の交代が起こり、後白河らの知行が平氏の知行に変更されていたことに他ならない。

近江・美濃・三河の三国は、いずれも治承三年政変で知行国主が交代している。とくに美濃は治承三年政変まで後白河知行国であった。ところが、平氏家人源則清《のりきよ》が受領となっているから、平氏一門の知行国となったことは疑いない。三河も受領が院近臣藤原顕家《あきいえ》から清盛の子知度《とものり》に交代しているから、清盛または平氏一門のものとなったと考えられる。尾張国は治承三年政変以前から平氏知行国ではあったが、鹿ヶ谷事件まで成親の知行国であったから、平徳子知行となって平氏一門の支配下に入ったことで、在地の武士との軋轢が強まっていたものと考えられる。

こうした国々では、富士川合戦敗北をきっかけに激しい反乱が勃発する。その背景には、東国と同じ平氏に対する反感が存したのである。彼らが平氏に反発し頼朝に心を寄せるのも当然であった。そして、東国において先導を行うはずの駿河目代や長田入道らは全滅しており、地理に疎い追討使は孤立してしまったのである。

伊藤忠清は、甲斐源氏から遣わされた使者を処刑した。通常、私合戦では使者の安全は保証されるが、忠清はこの戦いは私合戦ではなく追討であり、敵側はすべて追討の対象であるとして処刑したという（『山槐記』十一月六日条）。追討軍は天皇の命による公的合戦を行うことを強調し、全軍を鼓舞しようとしたのであろう。しかし、これに反発する者も現れ、忠清の思惑通りにはならなかった。

その後、逃亡は相次ぎ、『玉葉』（十一月五日条）によると、四〇〇〇騎程度であった追討軍は一〇〇〇～二〇〇〇騎程度に減少してしまったという。もはや源氏軍に敵対することは不可能となった。ここで忠清は、裏切りで後方を封鎖されれば、もはや袋《ふくろ》の鼠《ねずみ》となるとして、先述のように撤退を主張したのである。直前の鉢田合戦で、橘遠茂らが袋小路で殲滅された生々しい恐怖も、この判断に関係したことであろう。

撤退が決まった直後、源氏軍の動きによって水鳥が一斉に飛び立った。『吉記』（十一月二日条）には、内通者による駿河国手越《てごし》の宿館に対する放火に驚いたとする見方も記されている。ともかく、追討軍は潰走した。それは平氏政権の権威を崩壊させ、反乱を全国に拡大する結果にもなったのである。

内乱の拡大と頼朝

朝廷が派遣した追討使が大敗を喫したのは、かつて平安初期の蝦夷《えみし》との戦いを除けば、初めてのことであった。清盛は激怒して「追討使を承るの日、命を君に奉りおはんぬ。たとい骸《むくろ》を敵軍にさらすといへども、あに恥となさんや。いまだ、追討使を承るの勇士、いたずらに帰路に赴くことを聞かず。もし京洛に入りて誰人眼を合はすべけんや。不覚の恥を家に残し、尾籠《びろう》の名を世にとどむるか。早く路よりあとをくらますべきなり。更に京に入るべからず」（『玉葉』十一月五日条）と怒声を発した。

追討使の醜態《しゅうたい》は武門としての平氏にとって多大の恥辱であるばかりでなく、平氏政権の権威をも崩壊させたのである。清盛の憤怒、受けた衝撃の大きさは想像を絶するものがある。富士川合戦の結果、反乱は燎原《りょうげん》の火のごとく、たちまちに全国に広がることになる。

『玉葉』十一月八日条によると、遠江以東一五ヵ国が反乱に加わり、草木に至るまで靡《なび》かないものはないとされ、十二日条には遠江どころか、京に程近い美濃でも反乱が勃発している。そして、二十一日条によると、近江国で京から伊勢に向かった宗盛の郎従が殺害されており、ついに近江でも反乱が勃発するのである。先述のように、追討使の軍勢徴募に対して近江・美濃といった諸国の武士たちは反抗的な態度をとっていた。それが、富士川合戦における平氏の敗北をきっかけに反乱に発展した

27——雪見御所石碑（兵庫県神戸市）

のである。平氏の抑圧に不満が高まっていたのは何も東国ばかりではなかった。

こうした事態に直面した清盛は、それまで強引に推進してきた福原遷都を断念するに至る。新造内裏も完成して安徳天皇の移徙《いし》も十一日に行われ、街路の整備も進み、もはや正式遷都寸前にまでこぎつけていた。しかし、嫡男の宗盛までも還都《かんと》を主張して清盛と口論する事態となり（『玉葉』十一月五日条）、ついに清盛も新都造営と内乱鎮圧の並立を困難とみて還都を決断したのである。

一方、富士川合戦に勝利した頼朝は、平氏を追撃して上洛を命じたが、上総介広常・千葉常胤・三浦義澄ら、有力武士たちの反対にあって断念した。彼らは当然所領の確保を第一と考え、軽率に上洛することで、本領を襲われることを恐れたのである。彼らの願望は隣接する敵対者を排除して所領を保全するとともに、機を見て所領を拡大させることであった。

そこで、富士川合戦から相模国府に帰った頼朝は、東国武士たちの論功行賞を行い、本領安堵《ほんりょうあんど》・新《しん》恩給与《おんきゅうよ》という御恩を設定することになる（『吾妻鏡』十月二十三日条）。本領安堵は、頼朝に敵対しなければ所領の領有権を保証されることを、また新恩給与は、敵方を倒すことで没収した所領を給与されることを意味した。まさに所領の保全・拡大という武士たちの最大の願望を、合戦における恩賞と結合させたのである。すでに多くの指摘があるように、頼朝は反乱軍であるがゆえに、王朝の土地制度と無関係に武士たちの願望に沿った独自の所領給与の方法を編み出したことになる。

本領安堵は、頼朝の進撃路、占領下にある武士たちが、頼朝に味方するか敵対するかの二者択一を迫られていたことを意味する。彼らは否応なしに戦争に関与させられるとともに、主従関係に組み込まれていった。したがって、平氏の「かり武者」のように、戦争と無関係の武士が強制的に徴発されることはなかったのである。この結果、頼朝の家人は飛躍的に増加することになる。旧来の所領や、特定の縁故を通してしか家人を獲得できなかった平氏の限界を大きく超越したといえよう。

さらに、家人たちは敵との戦いに勝利することで没収した敵方所領を新恩として給与され、自身の所領拡大も可能となったのである。この新恩給与により、武士たちの戦意は著しく高揚し、頼朝軍は精強化することになる。しかし、本領周辺の所領を第一に考える東国武士たちは、周辺の敵との戦いを優先し、上洛に消極的となった。また、常陸の佐竹氏や、先述した新田・足利といった北関東の武士たちの行動も、頼朝やその配下の武士たちを制約したと考えられる。

『吾妻鏡』(十月二十一日条)は、あたかも頼朝の命によって、駿河を武田信義《のぶよし》、遠江を安田義定《やすだよしさだ》がそれぞれ守護したように記すが、寿永二年(一一八三)に義仲と連携して上洛し、遠江守に補任された義定の独自の政治活動などからみて、実際には甲斐源氏一門が東海道諸国を占領したのであろう。この結果、頼朝は鎌倉に戻るとともに、坂東における平氏家人の追討に専念することになった。

頼朝上洛の脅威が回避されたとはいえ、平氏はそれを知らない。そして内乱は畿内周辺においても劇的に拡大してゆく。十一月二十三日には、福原にいた大和源氏一門の武士手島《てしま》（豊島《としま》）蔵人が、平氏の追撃を振り切って近江に逃れた（『玉葉』『山槐記』）。もはや、畿内に居住する京武者まで、相次いで平氏に反旗を翻《ひるがえ》すに至ったのである。

そして北陸でも反乱の火の手があがり、さらに平氏の影響力の強い九州でも、肥後の菊池《きくち》隆直《たかなお》が大規模な反乱を惹起し、熊野では別当湛増《たんぞう》が兵を挙げて平氏に反抗した。もはや反乱は全国に及び、内乱状態に突入したのである。

Ⅳ　北陸道の敗北

28—平　宗盛

平宗盛は父清盛没後，平氏の総帥となった．しかし，後白河の信任も得られず，北陸道遠征に失敗し平氏は都落ちする．

福原遷都を断念した清盛は、荘園領主を組織した強力な内乱鎮圧体制を構築する。これによって平氏は畿内の反乱を鎮圧し、美濃国まで奪回することに成功する。しかし、その最中に清盛が急死し、強力な戦争指導が困難となった。しかも、養和の大飢饉が平氏の軍事活動を妨げることになる。

飢饉の京に対する食料供給源が、西国と北陸道であった。その北陸で反乱を惹起したのが、頼朝の従弟義仲だったのである。寿永二年(一一八三)、平氏は北陸奪回をめざし、空前の大遠征軍を派遣するが、義仲の前に惨敗を喫し、ついに都落ちに追い込まれることになる。

本章では、清盛が構築した内乱鎮圧体制の実態、そして北陸道遠征の敗北の原因を検討することにしたい。

1　還都と内乱鎮圧

近江追討

治承四年(一一八〇)十一月二十六日、安徳天皇、後白河・高倉両院と平氏一門は、福原から京に帰還した。清盛が企図した福原遷都の構想は瓦解《がかい》したのである。しかし、それが単なる妥協・譲歩に終わったわけではない。清盛は、京を基盤とする荘園領主権門を内乱鎮圧体制に組織してゆくことになる。

清盛は、まだ福原にいた段階で、還都後における内乱鎮圧を計画していた。その嚆矢が『玉葉』十一月十二日条に見える美濃の反乱鎮圧計画である。これによると、清盛はまず「私郎従」を派遣し、ついで追討使を派遣することにしたという。この作戦は、還都後に近江追討として実行されることになる。

まず家人、ついで大将軍率いる追討使という二段階の攻撃は、先述の通り富士川合戦において、無惨な敗北を喫している。しかし、近江追討で、再度同様の攻撃が採用されることになったのである。富士川合戦では追討使の遅延や東国家人の弱体など、特別な事情があったと考えられたこと、また今回は最精鋭部隊である伊賀・伊勢の平氏家人が中心となること、そして家人に対する信頼の高さ、逆に追討使、すなわち「かり武者」に対する低い評価を物語るものであろう。

近江追討は還都後の十二月一日に開始される。まず、伊賀の平氏家人、平家次《いえつぐ》（家継とも。以下家次）が近江に進撃し、福原から逃れた手島冠者《かじゃ》をたちまちのうちに討伐、その一党一六名を討ち取った。ついで、近江源氏の中心的武将甲賀入道義重《こうがにゅうどうよししげ》（兼）の城を攻略したという（『玉葉』）。近江源氏は、源義光《よしみつ》の系統で、衛府・検非違使などをつとめた典型的京武者というべき武将である。

この時、前衛をつとめた精強な武将家次は、忠盛・清盛の腹心家貞の長男で、侍大将貞能の兄にあたる。弟が平氏軍制の中枢に入ったのに対し、家次は伊賀の本領を継承していたと見られる。この家

29――平家次・盛澄等関係系図

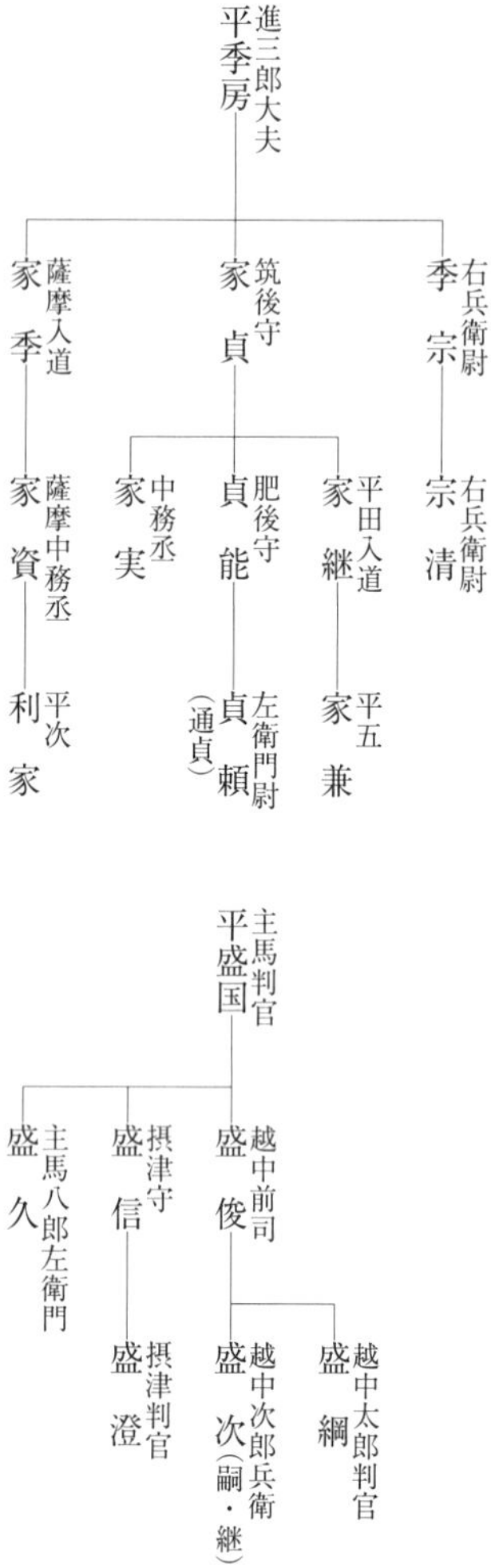

次こそが、先述した「私郎従」に他ならない。今回は、伊賀に隣接する近江の地理にも精通していたこともあり、家次は圧勝をおさめた。平氏の思惑通り、私郎従の先制攻撃が奏功したのである。

ついで、三方面から一斉に追討使が近江に向かうことになる。まず京から近江に向かった追討使は、大将軍が当時平氏軍制の中心にあった知盛、随行したのは伊勢平氏傍流で伊勢に拠点を有した平信兼《のぶかね》、盛澄《もりずみ》ら、伊賀から進撃した追討使の大将軍が小松殿の軍事的中心資盛、随行したのが侍大将で家次の弟貞能、そして伊勢から進撃したのが国司藤原清綱《きよつな》以下であった（『玉葉』十二月二日条）。

伊賀・伊勢の重代相伝の家人、そして平氏軍制の中心知盛、小松殿一門の軍事的中心資盛らによる、平氏最精鋭部隊の投入といえる。延暦寺堂衆や興福寺の蜂起も起こるが、追討使は反乱軍を相次いで打ち破り、十二月十二日には以仁王挙兵以来、反平氏勢力の拠点となっていた園城寺を焼き払い、翌十三日には近江源氏の拠点馬淵城《まぶちじょう》を攻略、二〇〇人余りを討ち取るに至った（『山槐記』十三日条、『玉葉』十五日条）。

その後も反乱軍の中心の甲賀入道義兼、山下義経《やましたよしつね》らは近江の山下城《やましたじょう》に籠もって抵抗した（『玉葉』十二月十六・二十四日条）とされ、平維盛率いる援軍が派遣される一幕もあった（『玉葉』十二月二十五日条）。しかし、義経は鎌倉に逃亡していた（『吾妻鏡』十二月十日条）し、維盛軍は越前追討を目指したものであった（『山槐記』十二月二十二日条）。近江の反乱軍は、結局年内には一掃されたらしく、追討使は美濃に進撃することになる。

そして、翌治承五年（一一八一）正月、平氏軍は美濃源氏の光長《みつなが》を破り（『玉葉』正月十八日条）、二十日には蒲倉城《かまくらじょう》に籠もった賊軍は討伐され、平氏軍は美濃まで平定することに成功したのである。近江・美濃の源氏たちは、もちろんこの段階で頼朝や、他の源氏一門と連携していたわけではない。ここでは東国の戦闘とは逆に、源氏側が拠点を各個撃破されていったのである。

南都焼き討ち

こうして近江の情勢は、平氏にとって好転していった。こうなると、京周辺における最大の反平氏勢力は、多くの悪僧を擁し、俗兵士をも組織する興福寺に他ならない。福原遷都には彼らとの対決を回避する側面があっただけに、還都によって衝突は不可避となったのである。十二月の半ばには、すでに衆徒の蜂起は激化しており、源氏の武士が合流したとの噂も流れていた（『玉葉』治承四年十二月十九日条）。しかも、その軍勢は六万騎とも噂され、追討は容易ではないとみられていた（『玉葉』十二月二十七日条）。

清盛は周到な準備の上で南都を攻撃することになる。まず、十二月二十一日の除目で河内守に清盛の外甥にあたる藤原隆親《たかちか》が補任された（『山槐記』）。彼は平治の乱の首謀者藤原信頼の兄で早世した隆教の子にあたり、母は清盛の姉妹であった。彼は平氏一門に準ずる扱いを受け、永万元年（一一六五）から平氏一門の知行国とみられる播磨の受領をつとめている。南都は山城と河内の二方面から攻撃することになっていたので、この人事は攻撃の前提といえる。

翌二十二日には、大和・河内の「国人」が道々を守護している。おそらく国衙に組織された武士たちに、大軍が進撃する通路を確保させたのであろう（『玉葉』）。一方の大和守は源兼忠《かねただ》で、以仁王挙兵鎮圧後の六月二十八日に補任されたが、この人事は「南都事、ことに沙汰ある」ためであった（『玉葉』七月二日条）という。彼は前中納言雅頼《まさより》の息子で、右少弁《うしょうべん》を兼任する有能な実務官僚であったから、大和の混乱を沈静化させるような役割を期待されたのではないだろうか。

なお『平家物語』（巻第五「奈良炎上」）では、清盛が南都検非違所として瀬尾（妹尾）兼康らを派遣したところ、そのうち数十人が悪僧に殺害されたことに憤慨し、追討を決意したという。記録では裏付けられないが、大和に地元武士を動員する役人を派遣した可能性はあるだろう。

大将軍として興福寺追討を担当したのが、知盛の弟重衡である。彼は清盛と時子の三番目の息子で、知盛とならぶ平氏一門の軍事的中心であった。二十五日、重衡は数千騎を率いて南都に向けて出立する（『玉葉』『山槐記』）。相手が大軍ということもあって、近江追討のように家人・追討使の二本立てではなかった。おそらく、大軍が相手である場合、少数の家人を前衛として派遣することの危険性を富士川合戦で痛感したのかもしれない。もっとも、先陣となったのは、阿波の豪族で清盛の腹心田口成良であった（『山槐記』十二月二十七日条）から、追討軍の中で勇猛な家人が前衛をつとめたことになる。

悪僧は勇猛だが、基本的に歩兵に過ぎない。悪僧相互の合戦は頻発するが、武士と対峙することになる強訴は、本質的に宗教的な示威《じい》行為であり、本格的な戦闘に至るものではない。すでに院政期にも、天永《てんえい》四年（一一一三）の京武者と興福寺悪僧の衝突のように、強訴から偶発的に発生した戦闘があったが、結果は武士の圧勝に終わっている。したがって、弱小の園城寺悪僧が一蹴されるのも当然であった。そして、人数を誇ったものの興福寺の悪僧たちも同じ運命をたどることになる。

悪僧たちの防禦線を突破した重衡軍が放った火は、おりからの

30──現在の東大寺大仏殿

北風に煽られ、興福寺・東大寺《とうだいじ》の伽藍《がらん》まで焼き尽くした。すでに園城寺も放火され、金堂《こんどう》を除いて焼失したことを考えれば、こうした事態はある程度想定されたことであったと考えられる。大仏の焼失をはじめ、多くの非戦闘員を犠牲にした南都焼き討ちは、清盛の最大の悪行として名を残すことになる。

とはいえ、平氏軍は予定通り南都の悪僧を一掃し、ここに畿内及びその周辺で平氏に反抗する勢力は消滅したのである。

内乱鎮圧体制と総官

このように、清盛は治承四年末にはほぼ畿内、近江を制圧することに成功した。こうした追討軍の勝利の背景には、公卿・寺社といった荘園領主権門を内乱鎮圧体制に組み込んだことが関係していた。すでに還都を目前にした十一月二十二日、清盛は延暦寺・日吉神社に対し、近江の賊徒追討を命じている（『吉記』）。さらに、公卿・受領らに内裏警護の武士を差し出すことを命ずるとともに、諸国に「兵乱米」（兵粮米）の調進を命じるに至った（『山槐記』十二月十日条）。

貴族・寺社といった荘園領主たちは、もはや平氏による追討を傍観することは許されなかったのである。こうした体制を制度化したのが、翌年正月に導入された広域軍事支配体制、総官《そうかん》・総下司《そうげし》制度に他ならない。

治承五年（一一八一）正月十四日、高倉院が死去すると、清盛は上皇の死去を利用し、二日後の十六日に院の遺詔《いしょう》と称して総官制度を施行した。遺詔と称することで、荘園領主の反対を強引に抑え込む側面があったとみられる。総官は、五畿内とその周辺の近江・丹波《たんば》・伊賀・伊勢諸国を一括して統轄する軍事指揮官で、嫡男の宗盛が就任した。清盛は、治承四年の内に平定した五畿内・近江とその周辺諸国を基盤として、美濃、さらに東国を攻撃しようとしたのである。

また二月には、平盛俊《もりとし》が丹波国総下司職に補任された。盛俊は清盛の腹心盛国の子で、平氏の侍大将の一人にあたる。この役職は、豊かで反乱もなく、平氏知行下にあった丹波国において、荘園・公領の区別なく兵粮徴収を行う体制を築き、追討を支援しようとしたものである。

この制度によって、国衙・荘園の枠組みを越えた大規模な武士・兵器の動員体制が実現した。個々の国衙に依存してきた既往《きおう》の平氏軍制を超越し、広域的な物資・兵士の移動が可能となったのである。南関東を自在に支配し、兵士も兵粮も荘園・公領も関係なく徴収できた頼朝とほぼ同様の体制を構築したといえる。

早速二月には、大量の兵船と水主《かこ》が伊勢国から動員されたが、それらは公領からはもちろん、伊勢《いせ》神宮《じんぐう》以下の権門勢家の荘園からも強制徴発され、源氏との衝突が予想された美濃国墨俣《すのまた》に送られている。その成果は、墨俣川合戦における圧勝に結実することになる。

三月十日、平重衡率いる平氏軍は、美濃・尾張国境の墨俣川で源行家以下の源氏軍と合戦、圧勝をおさめた。勝報は十二日には京に届き、『吉記』の記主吉田《よしだ》経房《つねふさ》は「一天四海の慶、何事かこれにしかんや」と記した。さらに、詳細な情報を期した同書の十三日条によると、討ち取った敵将の数は、総大将の頭亮《とうのすけ》（蔵人頭・元春宮亮）平重衡軍が一一三名、生け捕り八名、越前守通盛軍が六七名、中宮権亮《ちゅうぐうごんのすけ》維盛軍が七四名、薩摩守《さつまのかみ》忠度軍が二一名、三河守《みかわのかみ》知度軍が八名、讃岐守維時軍が七名、合計三九〇名に及んでいる。そして源氏側の大将のうち、源満政（満仲の弟）流の泉重満《いずみしげみつ》、高田次郎《たかだじろう》、行家の息子二郎、そしてかの源九郎義経の同母兄義円《ぎえん》の四名をも討ち取り、多くを溺死《できし》に追い込むに至った。まさに平氏軍の会心の勝利といえる。

もっとも源氏側は、頼朝の叔父行家を中心とする寄せ集めの軍勢であり、頼朝の本隊から支援を受けたわけでもない。その意味では脆弱な軍勢であったが、ともかく総官をはじめとする支援が勝利の背景にあったことは疑いない。合戦の勝利で、平氏は美濃まで奪回することに成功したのである。先述の『吉記』の記述のように、朝廷にも安堵の空気が流れることになる。

しかし、平氏に二つの大きな問題が生じていた。一つは兵粮の限界である。元来、清盛は畿内の兵粮が尽きたため、西海・北陸道の運上物《うんじょうもつ》を追討軍の兵粮に転用しようとしていたとされ（『玉葉』閏二月六日条）、合戦の直前にも追討軍の兵粮がすっかり払底したという噂が流れている（『玉葉』三月六日条）。畿内における飢饉の影響は、平氏に重くのしかかっていた。このため、会心の勝利をおさめながら、さらなる遠征は困難となったのである。

そして、より大きな問題は、合戦に先立って肝心の清盛が熱病で死去してしまったことに他ならな

越前
美　濃
墨俣
丹
後
但
馬
若　狭
延暦寺
日吉社
丹　波
尾
張
近
江
平安京
園城寺
播　磨
摂　津
鞆田荘
山城
福原
渡辺
伊
賀
伊
勢
大輪田泊
興福寺
河
内
和
泉
伊勢大神宮
志
摩
淡
路
大
和
高野山
紀
伊
熊野本宮

31――総官の統括範囲

い。その後の追討方針をめぐり、後白河院と清盛の後継者宗盛との間に確執を生じていたのである。

2　宗盛と北陸の戦乱

宗盛と後白河院

清盛は、治承五年二月末ごろから「頭風」（頭痛）を発症させ、ほぼ一週間後の閏二月四日、九条河原口にあった腹心平盛国の宅で死去した（『吾妻鏡』）。東国追討と並行して、福原に代わる新都を造営すべく、平安京左京の八条・九条付近を都市改造している最中のことであった。清盛の後継者として平氏の総帥《そうすい》となったのが嫡男宗盛である。

宗盛はすでに三五歳の壮年であり、清盛が父忠盛を継いだのとほぼ同じ年齢に達していた。位階は正二位に昇り、当時辞任していたが官職も権大納言・右大将に至っている。母は清盛の嫡室時子、国母徳子は同母妹である。兄重盛の死去後、押しも押されもせぬ平氏一門の嫡男となっていた。彼の乳母子平景高が以仁王挙兵を鎮圧したように、直属軍団も成長していた。しかし、保元・平治の乱の戦場に臨んだ重盛と決定的に異なっていたのは、宗盛に厳しい実戦経験がなかったことである。それが種々の合戦における判断に影響を与えた面もある。

また、清盛と後白河の抗争に際しても、宗盛は独自の判断を下すこともなく、消極的に父の行動に追随するのみであった。彼は、中継ぎの帝王として後白河を見下した父清盛と異なり、後白河を正統の帝王として尊崇し、大きな恩義を感じていた。先述のように、嫡男清宗が生誕後まもなくいきなり高い官位を与えられ、宗盛流が重盛流に代わって平氏嫡流に位置づけられたことで、後白河が宗盛を高く評価したと考えていたのである。このため、清盛と後白河の対立が激化すると、父に抗うことが出来ない宗盛は、術《すべ》を失い官職を辞す有様であった。こうした性格の弱さが、政務決定などの修羅場において、判断の甘さを露呈させることになる。

清盛は、院・朝廷・荘園領主を強引に従属させ、独裁体制によって反乱鎮圧を貫こうとした。その背景には皇胤という自負、後白河に対する怨念、独自に掌握する巨大な武力といったものがあった。しかし、後白河の権威に従属する宗盛には、それを継承する意志はなかったのである。

清盛が死去した直後、後白河の院御所で国政上の最重要事を議す公卿議定《くぎょうぎじょう》が行われた。こうした会議を美川圭氏は学術的に「院御所議定《いんごしょぎじょう》」と称した。後白河院の院御所議定は、治承三年政変による幽閉以来、初めてのことであり、後白河院政の復活を象徴するできごとであった。それに先立ち宗盛は、後白河に書状を送った。そこで彼は何と政権返上を申し出たのである。すなわち、平氏政権は消滅したことになる。

これにより、後白河や貴族たちは、議定の結果、源氏追討を中止すべく源氏側の意向を尋ねる使者の下向を決定した。しかし、宗盛はこれに従わず、重衡以下の追討軍を派遣したのである（『玉葉』閏二月七日条）。

政権は返上しながら、最大の政務ともいうべき追討は継続する。これでは後白河の権威を否定したに過ぎない。元来、後白河や貴族たちは、頼朝以下源氏の蜂起を清盛の暴政に対する反発ととらえ、後白河を救済しようとするものと見なしていた。だからこそ、追討中止に傾いたのである。それを拒否した以上、宗盛と後白河の関係が決定的に悪化することは当然であった。

宗盛が、政権を返上しながら、源氏追討に固執したのはなぜか。それを明示する史料が、『玉葉』治承五年八月一日条である。この日、後白河院は宗盛に何と頼朝からの和平提案を提示した。後白河は頼朝と秘密の交渉を行っていたのであり、頼朝を敵視していなかったことを明示する。ちょうど当時は、頼朝は東国経営に専念し、平氏は兵粮不足で、ともに動くことがなく、戦線が膠着《こうちゃく》していた時期にあたる。頼朝の申し出を機に、後白河は両者の和平を行おうとしたのである。

ところが、宗盛はこれを拒否した。その理由は、清盛が死去する直前にいい残した「我が子孫、一人といへども生き残らば、骸を頼朝の前に曝《さら》すべし」という遺言にあった。すなわち、遺言に従って追討を続行し、後白河の提案を拒絶したことになる。この結果、宗盛の追討行為は、後白河院や朝廷の意向を無視した私戦となってしまったのである。

むろん、父の教令権は絶対である。平氏一門の総帥として君臨するために、偉大な父清盛の遺言は何としても守る必要があった。また助命の温情を裏切って挙兵した頼朝は、自力救済という武士の論理でいえば、必ず報復しなければならない存在であった。後白河の意向という王権の論理と別個に、武士の論理が宗盛を動かしていた。鹿ヶ谷事件において清盛が成親・西光を虐殺したのと同じように。

しかし、総官制による強制的な徴発が可能であったとはいえ、平氏にとって兵士・兵粮を安定して確保するためには、正統王権と結合した官軍という立場が不可欠であった。王権との間に齟齬をきたした平氏の追討活動に困難が生じるのは当然であった。

横田河原合戦

頼朝に先んじて上洛を果たし、ついに平氏を都落ちに追い込むのが、源義仲である。彼は義朝の弟義賢の次男として生まれるが、生誕後間もない久寿二年（一一五五）に父を義朝の長男義平に殺害され、乳母夫中原兼遠に連れられて信濃木曽《きそ》谷《だに》に逃れる。同地で成長した義仲は、治承四年（一一八〇）九月、頼朝に続いて北信濃の佐久《さく》付近に挙兵する。ただ、義仲は山中で孤立していたわけではなかった。これより先、彼の兄仲家は、上洛して頼政の養子となり八条院に蔵人として仕え、以仁王挙兵で討ち死にしている。義仲一族と八条院との政治的関係がうかがわれる。

32―九条兼実像

信濃国は藤原成親の弟で徳大寺公親《きんちか》の養子となっていた実教《さねのり》が受領となっていた。おそらく閑院流が知行していたごとくで、治承三年政変などによる知行国主の交代はなかった。このため信濃武士の蜂起はみられなかったが、甲斐源氏など周辺諸勢力の侵入を招くことになる。おそらく義仲は、はやくから甲斐源氏と連携していたものとみられる。

義仲は信濃から上野に進出するが、頼朝との競合を回避して北に向かう。そして、治承五年六月、北信濃の横田河原《よこたがわら》（現長野市）で越後の豪族平（城《じょう》）資職《すけもと》と衝突、これに圧勝する。この合戦の結果、北陸道一帯で反乱が誘発され、義仲は頼朝と並ぶ源氏の棟梁に押し上げられることになる。

横田河原合戦で義仲に敗北したのは、越後を拠点とする北陸地方最大の親平氏派の豪族、平（城）資職（のちに長茂《ながもち》）である。越後城氏は平貞盛の甥で養子となった維茂《これもち》を祖とし、子孫が代々秋田城介《あきたじょうのすけ》を世襲したことから城を苗字とした。元々平氏に接近し、義仲追討を企図したのは資職の兄資永《すけなが》（助永とも。以下資永）である。彼は京にも進出して検非違使に就任したこともある軍事貴族で、現在の上越市《じょうえつし》にあった国衙から遠く離れた越後国北部の鳥坂城《とつさかじょう》（現胎内市《たいないし》）を拠点としていた。拠点の位置が示すように、城氏は越後国内よりも出羽《でわ》や陸奥国会津《あいづ》方面の武士との連携を基盤としていたと考えられる。

『玉葉』治承四年十二月三日条によると、資永は「甲斐・信濃両国においては他人を交えず、一身に攻め落とすべし」と平氏に申請したという。十二日には彼が信濃に進撃したという噂が流れており、平氏方が大きな期待を寄せていたことがわかる。しかし、彼は大軍を率いて義仲追討に向かおうとした矢先、頓死《とんし》してしまう（『平家物語』巻第六「嗄声《しわがれごえ》」）。その死去は翌治承五年三月に京に伝わっている（『玉葉』三月十七日条）。

このため、兄の跡を継いだ弟資職が、六月になって一万余りの大軍を率いて義仲追討に向かうが、先述のように横田河原で三〇〇〇騎程度の義仲と合戦し大敗を喫することになる。合戦の詳細を記した『玉葉』七月一日条によると、緒戦の勝利に気を良くした資職軍は奥地に引き寄せられ、分散したところを伏兵に襲われ大敗を喫したという。誘き寄せられ殲滅された点で、富士川合戦の前哨戦《ぜんしょうせん》であった鉢田合戦における駿河の平氏家人と同様の敗北を喫したといえる。地理不案内の遠征軍ゆえの敗北である。

この時に平氏を攻撃したのは、「キソ（木曽）」「サコ（佐久か）」「甲斐国武田」の軍勢であったという。義仲がすでに甲斐源氏と連携し、地元信濃の武士を組織していたことがわかる。地域の地理に精通した義仲側と、それに疎い遠征軍の違いが勝敗に影響したと見られる。資職は軍勢の大半を失った上に在庁官人の蜂起に直面、会津に逃れるが、そこも平泉の藤原秀衡に攻撃される有様で、わずかな供を連れて本拠に逃げ帰ったという。

ここで注目されるのは在庁官人の蜂起である。越後は当時藤原光隆《みつたか》の知行国であるが、鹿ヶ谷事件

33——城氏系図

平国香┬貞盛
　　　└繁盛——兼忠——維茂（貞盛養子）——繁（重）成——（二代略）——資国┬資永
　　　　　　　　　　　　　　　　　　　　　　　　　　　　　　　　　　└資職（長茂）

までは藤原成親が長年知行した国であった。それだけに彼らの間に平氏に対する反感があったものと考えられる。しかも、京の政界と直接的に結合する軍事貴族は受領に政治的に対抗し、在庁官人を抑圧する側面もあった。こうした日頃の対立が、在庁官人の蜂起をもたらしたのである。

在庁官人に敵対されたことで、越後における資職の勢力は大きく低下することになる。資職はその後も一定の勢力は維持したようだが、義仲に対抗することは到底困難となる。城氏の基盤の弱さ、また特定の豪族と連携するだけで、在地の武士を把握していなかった平氏の弱点が露呈されたといえる。かくして、城氏のみを頼りとした平氏の北陸対策は、たちまち崩壊し、北陸道は反乱に巻き込まれることになる。

北陸道の反乱

横田河原合戦の結果は、北陸情勢を一変させ、北陸一帯に反乱を拡大させることになる。ちょうど、東海道において富士川合戦がもたらしたのと同様の現象が発生したのである。『玉葉』の七月十七日条によると、越中《えっちゅう》・加賀などの国人《こくじん》が東国に同意し越前に進出したとする。越前も、この当時は沈静化していたらしいが、前年暮れにいったん反乱が発生している（『山槐記』治承四年十二月二十二日条）。さらに、平教盛知行の能登《のと》でも反乱が勃発、目代が逃亡し（『玉葉』七月二十四日条）、翌月には残された国司郎従が殺害されるにいたった（同書八月八日条）。

このうち、加賀は元来平頼盛の女婿で院近臣藤原保家《やすいえ》の知行であったが、安元元年（一一七五）に後白河の腹心西光の息師高が受領となっており、鹿ヶ谷事件で西光・師高が殺害されたあとも平時忠の弟ながら後白河側近であった平親宗《ちかむね》が継承、治承三年政変で頼盛の知行国となった国である。平氏一門も含めて、一貫して親院政派の知行国であった。

また越前も、平氏一門中の親院政派である重盛の知行が続いており、彼の没後に後白河が院近臣季《すえ》能《よし》を受領に任じたのも、院と越前との密接な関係を前提としていたと考えられる。それだけに、両国の在地勢力には後白河と結ぶ者も多く、治承三年政変以降、平氏に対する反発も強かったと考えられる。

これに対し、能登は仁安年間（一一六六〜六九）以来、一貫して清盛の弟教盛の知行国であった。それにもかかわらず、東国の武蔵や駿河が平氏の拠点となったのに対し、能登で大きな反乱が発生したのは想定外のように思われる。しかし、教盛も重盛と同様に平氏内における親後白河派であったことを考えれば、越前などと同様に在地の武士と後白河院との関係が存したのであろう。

このように、北陸道諸国は平氏知行が多かったものの、知行国主たちは後白河側近の重盛・教盛・経盛であったから、在地の武士たちと後白河との政治的連携は深いものがあった。地元の武士と後白河との関係が、治承三年政変以降、平氏に対する反発を強め、ついに一斉蜂起をもたらしたものと考えられる。このように、北陸諸国には内乱に対処する拠点となる国が存在しなかったこともあって、内乱はたちまちに拡大してゆくことになったのである。

東国と異なり、北陸は西国とならぶ京への食料供給源でもあった。このため、ただでさえ飢饉の京

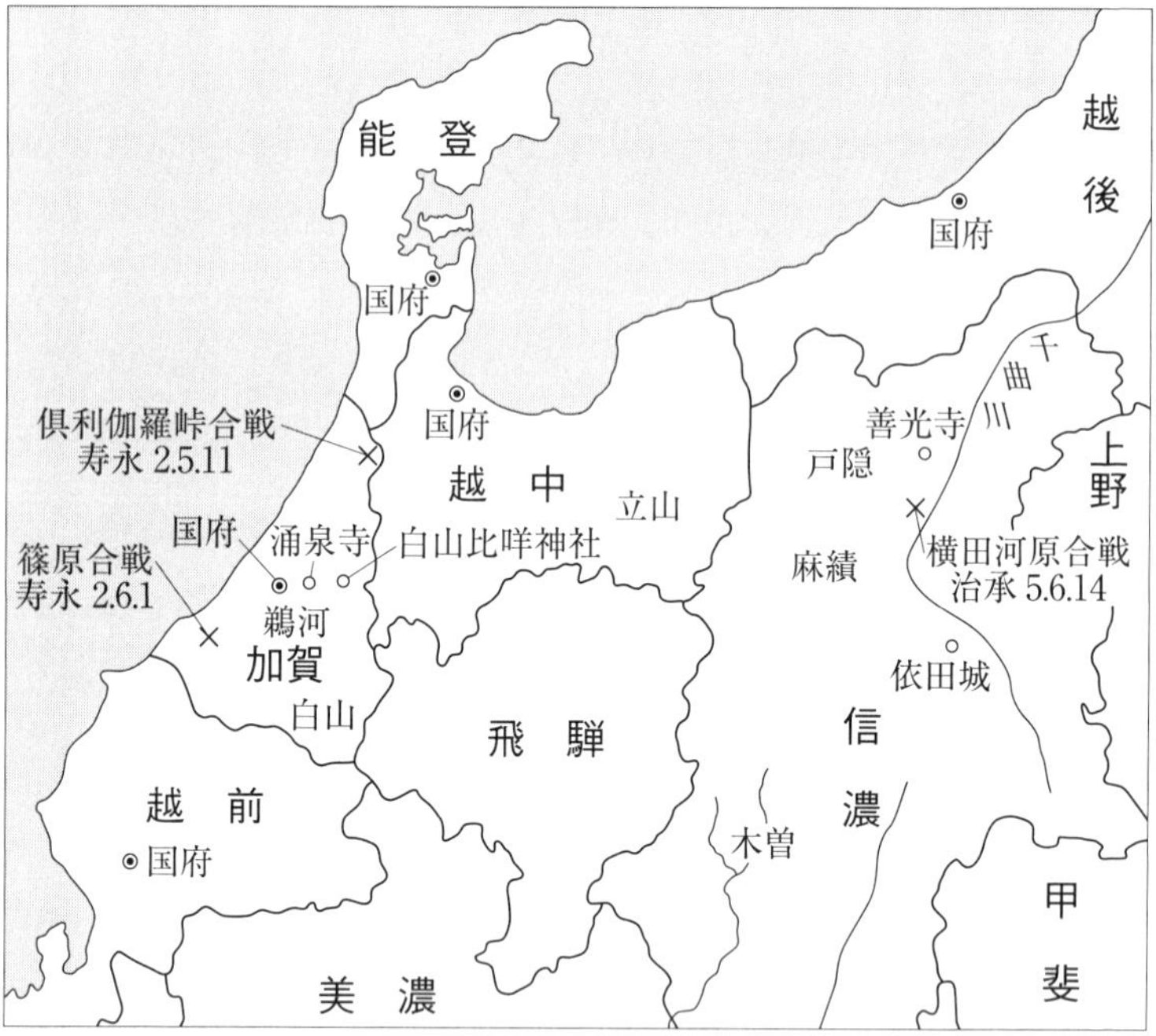

34── 北陸地方図

にとって、北陸の反乱は深刻な意味をもつことになる。そこで北陸の危急に際し、平氏が行った方策は二つ。一つは敗残の城資職を越後の受領に任命したこと、そしてもう一つが越前国への追討使派遣である。

八月十五日、宗盛は貴族たちの反対を押し切って、陸奥守に藤原秀衡、そして越後守に資職を任命した（『玉葉』）。前者に頼朝を、後者に義仲を追討させようとしたのである。現地豪族の起用は大胆な抜擢《ばってき》ではあるが、無傷で事実上陸奥の支配者となっていた秀衡はともかく、すでに大敗を喫し、在庁官人にも背かれた資職の起用に貴族たちは首を傾げることになる。資職の受領任用は、もはや平氏に有効な反乱対策が残されていなかったことを示す。先述のように、資職はその後も一定の勢力を保持していたらしい。しかし、もはや義仲に対抗できる存在ではなく、義仲を攻撃した形跡はない。

一方、資職の受領補任と平行して、平氏は越前に追討軍を派遣した。まず除目の同日、但馬守経正《つねまさ》が五〇〇騎を率いて出立（『吉記』八月十五日条）、ついで前越前守通盛《みちもり》が出立していった（同書八月十六日条）。経正は若狭《わかさ》に向かい、越前で通盛と合流する予定であった。しかし経正は動けず、通盛は加賀から越前に侵入した武士たちの前に敗北を喫するに至ったのである（『玉葉』九月十、十二日条など）。

このように、食料供給源である北陸の確保が難しくなったことから、京では安徳天皇を奉じて平氏が西国に都落ちするのではないかとする噂さえも広まることになる（『玉葉』九月十九日条）。

3　平氏追討軍壊滅

義仲と北陸宮

反乱が激化していった北陸道に対し、平氏は有効な対策を打てないまま、養和元年（一一八一）は暮れた。翌養和二年二月、雪解けを待って中納言平教盛が追討使として派遣されることになった（『吉記』二月二十五日条）。失敗に終わった前年の息子通盛に代わり、より政治的地位の高い武将を起用したことになり、より大規模な追討を計画した可能性があるが、実際には出立に至らなかった。おそらくは飢饉の激化で兵粮が払底したことと、この年十一月に安徳天皇の即位大嘗会《だいじょうえ》が計画されていたためと考えられる。

『玉葉』寿永元年（養和二年から改元）七月十三日条によると、平氏の総帥宗盛は大嘗会の年に追討を行うことの可否を右大臣兼実に尋ねている。これに対し兼実は「今年はひとえに大礼を営むべし」として追討を停止するべきであると返答している。この年、即位以来延期されていた安徳天皇の大嘗会が予定されており、この莫大な費用負担も、追討を制約したのである。また兼実は「もし大事に及ぶべくんば、またこの限りに非ず」と述べており、北陸情勢がさほど緊迫していなかったことも、追討が行われなかった一因であろう。

その直後、北陸において重要な出来事が発生した。七月末、以仁王の遺児が武士に伴われて京を脱出、越前に向かったのである（『玉葉』七月二十九日条）。北陸宮《ほくりくのみや》と称されるこの王子は、越中で義仲のもとに匿われることになる。義仲は、王権とつながる、そして軍勢結集の核となる大きな権威を獲得したのである。

『平家物語』は、義仲をあたかも王朝の権威を否定した野蛮人のごとくに描いている。しかし、これは彼の軍勢による入京後の乱暴狼藉《ろうぜき》や、法住寺合戦から生まれた虚構に他ならない。先述のように、兄仲家は八条院の蔵人となっており、八条院関係者との接点が存した。彼もまた、けっして王朝権威と無関係な存在ではなかった。八条院の猶子であった以仁王の遺子が、義仲のもとに逃れるのも当然だったといえる。

これが影響したのか、八月末には再び追討使派遣が決定され、大嘗会と追討が並行して行われることになったが（『吉記』八月二十五日条）、九月十四日に院宣によって停止されている（『吉記』）。『吾妻鏡』は、義仲追討に向かった平氏軍が、義仲を恐れて逃げ帰ったとするが、これは出立中止を誤ったものであろう（九月十五日条）。大嘗会の費用と兵粮徴収に苦しむ平氏は、前年のように後白河の意向を無視して追討を強行できなかったのである。結局、この年は追討使が派遣されることはなかった。

また、この段階で義仲の影響が北陸一帯に及んでいたかのように記す『吾妻鏡』には疑問がある。しかし、義仲が北陸宮を擁立したことで彼の権威が上昇し、しだいに八条院に関係する勢力が彼のもとに結集することになる。たとえば、もともと八条院蔵人で、墨俣川合戦で敗北後、頼朝の下に祗候していた叔父行家も、寿永二年（一一八三）はじめころ、頼朝のもとを離れ義仲に参入する。そして同年二月、常陸国の八条院領信太荘《しだのしょう》を基盤としていた叔父義広も、頼朝に対する大規模な蜂起を

35── 源義仲像

行うことになる。この時期にあえて頼朝に対して反旗を翻した背景には、義仲との連携が存したものと考えられる。敗北した義広は、上洛して義仲のもとに参入し、最後まで運命をともにすることになる。

『延慶本平家物語』（第三末「兵衛佐与木曽不和ニ成事」）にも、寿永二年初頭、頼朝が六ヵ国を支配するのに対し、義仲は九ヵ国を支配するという記述がある。以仁王の遺子擁立により権威を得た義仲が、頼朝を凌《しの》ぐ勢力を有していたという認識があったことを物語る。義仲の影響力と勢力は次第に肥大化し、平氏に対し強い圧力を加えるようになってきていたのである。そして同年四月、平氏の運命を決める戦いが行われることになる。

空前の追討軍

大嘗会を終えた平氏は、明くる寿永二年（一一八三）、いよいよ本格的に北陸道の奪回を図るべく、大規模な遠征軍を組織することになる。その軍勢について、『平家物語』（巻第七「北国下向」）は一〇万余騎と称し、『玉葉』六月五日条でも四万余騎としており、正確な数値はともかく、空前の規模の軍隊が派遣されたことに相違はない。

しかし、食料難を解決するために、空前の大軍を北陸に派遣することに、大きな矛盾があったことはいうまでもない。大軍の兵粮調達は難航を極めることになる。『延慶本平家物語』（第三末「為木曽追討軍兵向北国事」）によると、「権門勢家ノ正税官物、神社仏寺ノ神物・仏物ヲモ云ハズ、ヲシナベテ会坂関《おうさかのせき》ヨリ是ヲ奪ヒ取ケレバ、狼藉ナル事オビタタシ」という有様で、路次の人民は山野に逃げ隠れたという。

これはけっして軍記の誇張ではなく、『玉葉』の四月十三日条には「武者郎従等、近き畠を苅り取るの間、狼藉と云々」とあり、警護の上卿《しょうけい》まで設置されたという。しかし、翌日になっても狼藉は収まらず、人馬雑物を手当たり次第に掠奪《りゃくだつ》し、宗盛もこれを制止できなかったという（十四日条）。兵粮が極端に欠乏し、それゆえに軍規も乱れた軍勢の様子が浮き彫りにされる。

軍勢は西国一帯から招集された大軍で、「征討将軍ら、或《あるい》は以前、或は以後、次第に発向し、今日皆了んぬと云々」（『玉葉』四月二十三日条）とあるように、軍勢は五月雨式《さみだれしき》に出立していった。『延慶本平家物語』は、これだけの大軍でありながら、大将軍を維盛以下六人、「ムネトノ侍廿余人」に過ぎないとした上に、先陣・後陣を定めることもなく我先に進む有様であったという。これは敗北から遡及させた記述の可能性もあるが、掠奪に対する宗盛の対応などを見ても、寄せ集めの大軍が統制不十分であったことに相違はないだろう。

さらに、同書によると、集まったのは総官制が機能した畿内周辺や山陰・山陽方面の軍勢で、北陸道の若狭以北から駆けつけるものはなかったという。このことは、追討軍中に北陸の地理に通じる者がほとんどいなかったことを物語る。したがって、地理不案内の状態で、士気も低く統制も不十分の軍勢が下向したことになる。

しかも、城資職の敗北で、北陸には平氏の前衛部隊となる家人がいなくなっていた。平氏が得意とする、精強な家人による一撃、そして多数の官軍による掃討戦という二段構えの攻撃ができなかったのである。

拠点も支援者もない地域に軍勢を派遣することには大きな問題があり、本来ならば平氏は防禦を固めるべきであったのかもしれない。しかし、食料確保のために北陸奪回は不可避であったため、無理な軍勢の派遣を余儀なくされたのである。富士川合戦で追討軍が一敗地《いっぱいち》に塗《まみ》れたことが、全国の内乱を誘発しただけに、今回は失敗が許されない。それゆえに、数を頼んだ空前の大軍を派遣したのである。

しかし、徴発された兵士の中には、興福寺領和束杣《わづかそま》の杣工《そまく》も含まれている。これは一般兵士の粗悪さを示すものではなく、工兵であったとする川合康氏の理解もある。しかし、領主の怨敵ともいうべき平氏軍に強制徴発され、遙《はる》か彼方《かなた》の戦地に連行される者に高い戦意があるはずもない。そうした思いは一般の武士たちにも共通していたと考えられる。平氏軍数万は、実際には統制も不十分で、戦意も低く、潰走・逃亡の危険を孕《はら》んだ軍勢だったのである。

当初、越前燧《ひうち》合戦では平泉寺長吏斎明《へいせんじちょうりさいみょう》の寝返りによって平氏は勝利を得る。その後、加賀に進撃した平氏軍は、さらに越中にまで至るが、ここで最初の敗北を喫したとされる。般若野《はんにゃの》合戦である。もっとも、これは『源平盛衰記』などの記述に見えるだけであり実否も明確ではない。また事実であったとしても先遣隊の敗北に過ぎず、本隊は依然として大きな損害を受けていたわけではなかった。

その平氏に大打撃を与えたのが礪波山合戦、いわゆる倶利伽羅峠《くりからとうげ》の合戦である。

倶利伽羅峠と篠原

『平家物語』巻第七「倶利伽羅落」によると、小勢の義仲は平地の合戦で平氏の大軍に勝利することは難しいとして、加賀から越中へ越える倶利伽羅峠付近で大軍を装い、腹背からの攻撃を恐れる平氏を峠の隘路《あいろ》に釘付けにする。そして夜となるのを待って、奇襲を仕掛けたという。予想外の背後からの攻撃、地理不案内の上に夜陰《やいん》とあって平氏軍は大混乱に陥った。そして、軍勢の多くは戦わずして断崖《だんがい》から転落、命を落とすのである。隘路で大軍の行動の自由を奪い、天険を利用して敵を葬るという作戦をとったことになる。平氏軍七万のうち、逃れたのはわずか二〇〇〇であったという。その後、篠原合戦に際し平氏軍はまだ四万騎を擁したというから、数値は誇張であろう。しかし、まさしく義仲の卓越した軍略が遺憾なく発揮された戦いであったことになる。

確実な史料で確認することは難しいが、『玉葉』五月十六日条には、去る十一日に勝ちに乗じた平氏軍が加賀から越中に向かう途中、義仲軍に大敗し、軍勢の過半が殺害されたとする記述がある。これが、倶利伽羅峠合戦を伝える記述と考えられる。ここで平氏が大打撃を受けたのは事実であったが、先述のようにまだ平氏は相応の軍勢を保持していた。平氏軍が最終的に壊滅したのは、つづく篠原合戦であった。

『玉葉』の六月四日条によると、去る六月一日に行われた合戦で、「北陸官軍、悉くもって敗績、今《こん》

36――倶利伽羅峠

暁《ぎょう》飛脚到来、官兵の妻子等、悲泣きわまりなし」とあり、翌五日条には飛驒守中原有安《ひだのかみなかはらのありやす》から得た平氏軍「敗亡」に関する詳細な情報が記されている。それは、以下のような驚くべき内容であった。

四万余騎の勢、甲冑《かっちゅう》を帯びるの武士、わずか四・五騎ばかり。そのほか、過半は死傷し、その残りは皆悉く物の具を捨て、山林に交わる。大略その鋒を争ふの甲兵等、しかしながらもって伐取られおはんぬと云々。盛俊・景家・忠経《ただつね》等(已上三人、彼の家第一の勇士等なり)おのおの小帷《かたびら》に前を結びて、本鳥を引くたして逃げ去る。希《け》有《う》に存命すると雖も、僕従一人も伴わずと云々。誠に天の攻めをこうむるか。敵軍わずかに五千騎に及ばずと云々。彼の三人の郎等・大将軍等、権盛を相争ふの間、此の敗ありと云々。

平氏軍が惨敗を喫し軍勢は壊滅したこと、平氏一門の大将軍や平盛俊以下の侍大将たちも命からがら戦場を脱出したこと、互いに「権盛」(権勢か)を競ったとあるように、彼らの指揮・命令系統が混乱していたこと、義仲軍はわずか五〇〇〇騎足らずに過ぎず、平氏軍より遥に少なかったことなどがうかがわれる。複数の大将軍・侍大将が併存し、指揮系統が複雑な平氏の弱点を露呈した戦いであったといえる。

『平家物語』（巻第七「篠原合戦」「実盛」）は、この篠原合戦について、斎藤実盛の討ち死になど、平氏武将のさまざまな最期を述べているが、合戦全体の様相については描いておらず、少数の義仲軍がどのような戦略を用いたのか、平氏側の混乱がどのようなものであったのかは知ることができない。ただ、双方の武将たちが猛暑の中でそれぞれ数百の軍勢を率いて相次いで戦う様が描かれており、平地において軍勢を展開させた戦いであったと考えられる。

先述のように、平地であれば大軍が有利と考えられるが、指揮系統が混乱する平氏軍が小人数に分散してしまい、人数の優位を活用できなかったこと、また厳しい気象条件で、「かり武者」に頼る平氏軍の戦意が低下したことなどが推察される。

覚一本《かくいちぼん》（『平家物語』）では平氏の武将高橋長綱《たかはしながつな》の最期が語られる。彼は五〇〇騎を率いていたが、その大半は「かり武者」であったため逃亡、単独で活躍した長綱はついに討たれてしまったという。『平家物語』諸本によっては、長綱は倶利伽羅峠合戦で戦死したとするものもあり、逸話自体の信憑性には疑問が残るが、倶利伽羅峠における大敗で戦意を低下させた平氏の「かり武者」たちが、再度の衝突に際し逃亡した様をうかがわせる。

平氏軍の大多数を占める「かり武者」は、元来戦意も低く、倶利伽羅峠の惨敗で同僚の無惨な最期を目の当たりにして恐怖に駆られ、混乱に乗じて戦場を離脱したり、富士川合戦のように敵陣営に降伏したりした者があったものと考えられる。

平氏はまさに完膚《かんぷ》なきまでに叩きのめされた。士気の低い「かり武者」中心、しかも兵粮の不足、在地における協力者不在という状況を考えれば、敗北は必然的であったといえる。そして、この敗北は、治承四年（一一八〇）十一月、福原からの還都後に清盛が構築し、以来平氏を支えてきた内乱鎮圧体制が、最終的に解体したことを物語る。もはや畿内やその周辺から兵士を徴発することは困難となったのである。

そして、北陸の武士団を吸収し、北陸宮の即位を目指す義仲は、迅速に上洛を目指すことになる。かくして、京を支えられないと判断した平氏は、ついに都落ちの日を迎えるのである。

V　都落ちと一ノ谷合戦

37——源　義経

源義経は一ノ谷合戦で平氏を倒す立役者となる．そして屋島・壇ノ浦合戦で平氏を破り滅亡に追い込むことになる．

北陸で源義仲に大敗した平氏一門は、寿永二年（一一八三）七月、ついに都落ちに追い込まれる。その際、後白河院の同道に失敗したために、平氏は王権によって自己を正当化することが困難となり、賊軍に転落する。

平氏は逃亡先の大宰府も豊後の武士緒方維義に追われるに至ったが、阿波の豪族田口成良の支援を得て、讃岐国屋島を拠点とする。平氏は、水島《みずしま》・室山《むろやま》合戦と、二度にわたり源氏側の追討軍を撃破し、ついに摂津国福原を奪回し、再上洛は目前と思われた。しかし、寿永三年二月、一ノ谷合戦で大敗を喫し、上洛の夢はあえなく潰えることになる。

都落ちで後白河の同道に失敗したのは、単に宗盛が無能だったためであろうか。また、平氏が一年以上、屋島を拠点としたのは、田口氏の支援にのみ依拠したためであろうか。そして、一ノ谷合戦の敗因は何か。本章では、こうした点を中心に論じることにしたい。

1　平氏都落ち

後白河の脱出

迫り来る義仲軍は、周辺の武士団を巻き込み劇的に肥大化していった。これに対し、宗盛は、後白河北面の派遣や、西国から大軍とともに上洛するとみられた平貞能に期待を寄せた（『吉記』六月十二日条）が、貞能はわずか千余騎を率いただけで、「洛中の人、頗《すこぶ》る色を失う」に至った（同書六月十八日条）。

宗盛は、日吉社を氏社《うじのやしろ》となし延暦寺を氏寺《うじでら》となすという起請文《きしようもん》を提出してまで、延暦寺と提携して義仲を防禦しようと試みた。これを耳にした参議吉田経房も「悲涙抑え難し」と記して、追い詰められた平氏の苦境に同情を示している（『吉記』七月十二日条）。また延暦寺衆徒の中には源平両氏の和解を図る動きもあった（同書七月十日条）が、延暦寺は源氏軍の登山を許し、源氏側に立つに至った（『玉葉』『吉記』七月二十二日条）。

38── 延暦寺根本中堂

さらに、丹波で反乱が発生したほか、日頃平氏に従属していた摂津源氏の多田行綱も挙兵し、摂津河尻《かわじり》の船を全て奪った。交通の要衝をおさえる京武者の離反は、平氏にとって大きな打撃となったと考えられる。また、大和に入った行家には吉野《よしの》の大衆が協力したという情報が入った（『玉葉』七月二十二日条）。

平氏は最後の反撃を試みる。しかし、後白河から宣旨を受けて田《た》原《わら》に向かった平資盛・貞能の軍は三〇〇〇騎（『吉記』七月二十一日条）、瀬田《せた》に向かった知盛・重衡らの平氏主力も二〇〇〇騎に過ぎない。もはや、京にあらたな兵力を招集することは困難であり、義仲の入京阻止は不可能となった。寿永二年（一一八三）七月二十五日巳刻《みのこく》、ついに平氏一門は安徳天皇を奉じ、三種の神器《じんぎ》も携行して、大宰府を目指して都落ちすることになる。壮麗《そうれい》を誇った六波羅・西八条の邸宅は灰塵《かいじん》に帰するに至ったのである。

平氏都落ちの噂は、先述のように養和元年（一一八一）段階から流れていた。今回も、兵粮不足の京に敵軍を引き入れるという、戦略的退去の側面もあったと考えられる。しかし、さまざまな抵抗を試みたように、平氏は最後まで京に止まろうとしていた。その理由は、貞能がわずかな軍勢しか動員できなかったように、西国が平氏にとって安泰な場所とはいえなかったこと、京を喪失することで王権の正当性に疑念が生ずること、そして後白河院の同道が不確実だったことにあった。

周知の通り、後白河院は平氏のもとより脱出する。宗盛から、火急の際には院御所に参入するという返答を得た院は、都落ちに同行させられる危険を察知した。さらに、後白河は平氏に仕える北面の武士などから情勢をうかがい、二十五日未明、ひそかに院御所法住寺殿を脱出し、新熊野《いまくまの》付近に儲けた輿《こし》に乗り、鞍馬《くらま》山《やま》を経て比叡山の横川に逃れたのである。宗盛が後白河の脱出に気づいたのは、都落ち直前の辰刻《たつのこく》（午前八時ごろ）になってからであったという（以上『吉記』七月二十五日条）。

宗盛は後白河の周囲を一切警護・監視していなかった。彼は、後白河が貴族政権の軍事的擁護者である平氏を信じて、行動をともにすると考えていたのかもしれない。そうだとすれば、宗盛の油断や甘さを否定することはできないだろう。しかし、いかに宗盛が愚鈍であったとしても、先述の通り、清盛死去直後には平氏の追討続行に対して否定的な姿勢を示したばかりか、頼朝と和平交渉を行い、それを宗盛に隠そうとしなかった後白河を、全面的に信用していたとはとうてい考え難い。

ここで注意されるのは、院が武力で拘束されたならば、院の命令は権威を失う恐れがあった点である。のちに、法住寺合戦《ほうじゅうじ》によって後白河を幽閉した義仲が、院の命令と称して自身を征東大将軍《せいとうたいしょうぐん》に任じ、頼朝追討を企図しても、畿内周辺の京武者の離反を招いたことは、その現れに他ならない。後白河の権威に依存する以上、彼を武力で拘束し、強制することは回避しなければならなかったのである。

宗盛にしてみれば、敗勢の中だけに源氏との和平も想定する必要があった。当然、和平の仲介を依頼するのは後白河院であり、その中立を保証することが不可欠であったと考えられる。また、資盛ら小松殿一門、そして頼盛など、平氏の中にも後白河と緊密に結合する勢力が存在しており、後白河に対して強硬な姿勢を取れば、彼らとの対立・一門分裂を招く恐れもあった。こうしたことも、宗盛が後白河を強力に拘束できなかった一因ではなかったか。

自由な後白河とは逆に、安徳は平氏の武力によって、厳重に警護されていた。武力によって否定される危険にさらされた帝王に、正当性に欠ける面があったのはいうまでもない。清盛が後白河院政を否定して強引に即位させた安徳では、三種の神器を有したとはいえ、平氏を正当化する王権たり得なかったのである。とはいえ、立場を正当化しうる後白河を強引に拘束することはできず、その後白河に裏切られた平氏には、安徳以外に縋《すが》るべき王権は存在しなかったのである。

頼盛と資盛

都落ちに際して後白河の脱出を許した結果、たちまちに平氏は一門の分裂を招いた。その一人が、頼盛である。彼は、治承三年政変で後白河院側に立って清盛と対立し、左衛門督を解官された。以来、「ナガク弓箭ノミチハ、ステ（捨て）」ていたにもかかわらず、義仲の侵攻に際し宗盛に無理強いされて山科《やましな》に出撃していた。ところが宗盛は、頼盛に連絡もせずに都落ちを行った。宗盛を見限った頼盛は、延暦寺の後白河のもとに向かったのである（以上『愚管抄』巻第五「高倉」）。頼盛以下、池殿《いけどの》一門は最終的に平氏一門と袂《たもと》を分かつことになった。

頼盛は武士としての活動を断念していたものの、一門内部における比重は大きなものがあった。彼が福原に有した邸宅は、邸内で流鏑馬《やぶさめ》を行うことができる広壮なもので、安徳天皇の里内裏、ついで高倉の院御所として用いられている。いわゆる福原遷都に際して、頼盛は大きな役割を果たしていたことになる。また、還都後の治承五年二月、安徳天皇は八条にあった頼盛邸に居住していたのである（『玉葉』二月五日条）。

福原に広大な邸宅を有し、福原への遷都計画に大きく貢献したことは、彼が日宋貿易《にっそうぼうえき》に深い関心を抱いたことを物語る。永万元年（一一六五）に大宰大弐に就任した頼盛は、先例を破って自ら現地に下向し、府官原田種直《はるだたねなお》を婿に迎えたとされる。頼盛は、宗像社《むなかたしゃ》をはじめ、八条院領として多くの荘園を大宰府周辺に有するなど、周辺に依然として強い影響を有する存在であった。それだけに、頼盛の離脱は、大宰府に向かう平氏一門にとって、武力面以上に大きな打撃となったものと考えられる。

もう一人、平氏一門の中に延暦寺に向かった武将がいる。重盛の次男で、『愚管抄』に「院ノオボヱシテサカリニ候ケレバ」（巻第五「安徳」）と称された資盛である。彼は、後白河の命を受けて源行家を迎撃すべく田原に向かい（『玉葉』七月二十二日条）、ついで後白河に呼び戻されて多田行綱追討に赴く（『吉記』七月二十四日条）など、あたかも後白河直属軍のごとき様相を呈した。混乱の中で一門の統制が弱体化したこともあって、かつての父重盛のごとく、一門主流を離れ後白河に接近したものと考えられる。

39―荒田八幡神社（頼盛邸跡，兵庫県神戸市）

重盛の死去後、その子孫小松一門は平氏内部で傍流に追いやられた。しかも、長兄維盛は富士川合戦で大敗を喫し、内乱激化の原因を作ったのである。一門内における立場の悪化はいうまでもない。このため、後白河の寵愛を受けた資盛は院に接近を図り、維盛を超越するとともに、一門から分離する動きを示した。また、父重盛は、頼盛の母池禅尼《いけのぜんに》と同様、頼朝助命にも関係していた（『吾妻鏡』文治元年十二月二十四日条）だけに、資盛は後白河の保護を受けて、頼朝以下の源氏と和平できると考えていたのではないだろうか。

しかし、運命は資盛に残酷であった。頼盛が後白河の指示で八条院のもとに匿われたのに対し、資盛には後白河に取り次ぐ者がなかった。これが、偶発的なことなのか、後白河が見限った結果なのか、『愚管抄』の記述では不明確であるが、その後の後白河の冷淡な対応から見ると、おそらくは後者の可能性が高い。いずれにせよ、資盛はしかたなく宗盛一行に合流したのであった（『愚管抄』巻第五「安徳」）。

ところで、当初田原に向かおうとした資盛には、腹心で侍大将の平貞能が同道していたから、おそらく伊賀に居住した貞能の兄家次や、伊勢の伊藤忠清以下の家人たちが合流する予定であったと考えられる。しかし、資盛らは急に追討方針が転換されたこともあって、伊賀・伊勢に居住する家人たちと合流することもできないまま、不本意な形で都落ちしたのである。

また、伊賀・伊勢の平氏家人たちも、都落ちから取り残される結果となった。彼らは、先述のように治承四年十二月には近江攻撃の先鋒として大きな戦果を上げているし、一ノ谷合戦後の寿永三年（一一八四）七月に大規模な蜂起を行い、追討に当たった近江の頼朝家人佐々木秀義を倒し、主力が追捕されたのちも、伊藤忠清以下が潜伏して京を震撼させることになるのである。

こうした精強な武力を有しながら、彼らは義仲入京に際して積極的に防禦に赴くこともなかったし、都落ちに同行することもなかった。その一因は、資盛をはじめとする小松殿一門の動向が曖昧だったことにある。このことは、頼朝軍による義仲追討、そして一ノ谷合戦の帰趨《きすう》にも影響を及ぼすのである。

さて、後白河に見限られて宗盛以下と合流した小松殿一門が、次第に立場を悪化させるのも当然であった。先述のように資盛の長兄維盛も、富士川・北陸遠征と、重要な合戦で再三の敗北を喫しており、一門内で厳しい立場にあったことはいうまでもない。侍大将伊藤忠清が都落ちに同道できなかったのも、敗北の責任が関係していたのではないだろうか。こうした小松殿一門に、さらなる試練が待っていた。かつての重盛家人緒方維義による平氏攻撃である。

大宰府陥落

平氏が西走するや、後白河院は平氏を賊軍として源氏に追討を命ずることになる。二十六日には、資盛に追討されるはずであった多田行綱に対し、神器の安全な奪回のために、軽率な攻撃を回避するように命ずる院宣が下される有様であった。そして二十八日、院御所に参入した源義仲・行家両名に平氏追討が後白河より命ぜられることになる。一夜にして源平両氏は立場を一変させたのである。

その後、平氏がどのように大宰府に向かったのかは不明確である。しかし、彼らが九州にたどり着いたのは京を出てから一ヵ月後の八月二十六日であったという（『玉葉』十月十四日条）から、下向は容易ではなかったと考えられる。安徳と三種の神器を擁するとはいえ、正統の帝王とされる後白河によって賊軍と見なされただけに、地方豪族の協力も得られず、道中が苦難に満ちたものであったこと

40――大宰府跡地

は想像に難くない。

こうしてたどり着いた大宰府も、豊後国の豪族緒方維義の攻撃によって簡単に追い落とされることになる。大宰府を中心とした鎮西政権の夢は脆《もろ》くも潰え去ったのである。平氏を攻撃した維義は、元来平重盛の家人であったため、小松殿一門の資盛が維義の説得に赴くが、維義は聞き入れなかった。『延慶本平家物語』によると、彼は知行国主藤原頼輔《よりすけ》の命に従って平氏を攻撃したとされる。かくして、維義の攻撃を逃れて、平氏一門は大宰府を落ちることになる（『平家物語』巻第八「太宰府落」）。『吉記』（十一月四日条）によると、鎮西を追い出されたのは、十月二十日であったという。

緒方氏は、京から下向した豊後の知行国主藤原頼輔の息子頼経《よりつね》に従属しており、頼経の命を受けて大宰府の平氏を攻撃したのである。むろん、頼経の背景には父頼輔の、そして後白河の命があったと考えられる。維義はかつて重盛の家人ではあったが、重盛の子供たちの命令に従おうとはしなかった。後白河と結び、政権の中枢にあった重盛こそ頼るべき存在ではあったが、都落ちし、一門内で傍流となったに過ぎない資盛らに従う必要などあるわけがないのである。

維義の離反は、小松殿一門をさらに苦境に追い込んだ。重盛と藤原成親の妹経子の子で、三男ながら嫡男ともいうべき立場にあった清経は、豊前国柳ケ浦《やなぎがうら》で入水《じゅすい》したとされる（『平家物語』巻第八「太宰府落」）。その兄資盛と腹心貞能は、豊後で生け捕りになったという噂が流れている（『玉葉』寿永三年二月十九日条）。資盛の動向については不明確な点もあるが、のちに貞能は出家して西国に止まったことが確認され（『玉葉』閏十月二日条）、さらに鎌倉に出頭して宇都宮朝綱の保護を受けている（『吾妻鏡』文治元年七月七日条）から、両者に関する噂は真実を伝える可能性が高い。周知の通り、長兄維盛も一ノ谷合戦の前後に一門を離脱しており（『玉葉』寿永三年二月十九日条）、平氏軍の中で小松殿一門は事実上壊滅したのである。

平氏が大宰府を追われた原因は、単に維義の裏切りだけではない。『平家物語』（巻第八「太宰府落」）によると、平氏が大宰府を脱出する際、平氏の最も忠実な家人原田種直も、山鹿秀遠《やまがひでとお》と「以ての外に不和」となったとされ、平氏家人側の足並みの乱れが指摘されている。家人相互の対立を内包していては大宰府の防衛は困難である。平氏の退勢が家人相互の対立を露呈させたものと考えられるが、先述のように、大宰府における平氏家人の中心原田種直は、頼盛の女婿ともされる縁者であった。その頼盛が一門から離脱したことも、種直の行動に影響を及ぼした可能性がある。

平氏は、頼盛が大宰大弐として下向して以来、大宰府府官である原田種直を家人化し、大宰府支配の中心に位置づけてきた。しかし、そのことが対立する肥後国の菊池隆直以下の不満を招き、治承四年（一一八〇）九月には菊池隆直らが反乱を惹起し（『玉葉』九月十九、十一月十七日条）、以後大宰府は再三の彼らの攻撃を受ける有様となった。

また、清盛に接近した豊前国の宇佐氏と、同じ宇佐の神官で、元来重盛の家人であった豊後国の緒方氏との対立も激化し、大宰府攻撃につながっていった。ここでも東国と同様に、特定武士団の家人化と他の勢力との対立の放置、そして重盛家人の離反という平氏軍制の欠陥が露呈したことになる。

2　屋島内裏と再起

屋島内裏と田口成良

大宰府を追われた平氏一門は、当初知盛が拠点としていた長門国《ながとのくに》に向かうが国内に入れず、ついで瀬戸内海を東に移動する（『玉葉』閏十月二日条）。拠点を失った上に、清経・貞能ら小松殿一門の重要武将を失った平氏は、当然弱体化していたものと思われる。しかし、閏十月一日、備中国《びっちゅうのくに》水島において、得意の水上戦闘によって義仲の追討軍を打ち破ったのである（『百練抄』）。先述のように、平氏が九州を出たのは十月二十日とされるから、わずかな期間で平氏は態勢を立て直したことになる。

平氏が勝利した背景には、義仲軍が水上戦闘に不慣れであったことのほか、後述するように義仲と後白河が対立し義仲軍の士気が低下していたこと、平氏のために屋島内裏を造営することになる阿波の豪族田口成良の活動も関係したものと考えられる。水島合戦の勝利によって勢力を回復した平氏は、もはやたやすく打ち破ることは困難とされ、美作国以西の諸国はすべて平氏に靡いたという情報が京に流れるに至ったのである（『玉葉』閏十月二十・二十一日条）。

平氏が新たな拠点である屋島に落ちついたことが京に伝わるのは、十一月はじめであった（『玉葉』『吉記』十一月四日条）。これ以後、一ノ谷合戦の敗戦を挟みながら、元暦二年（一一八五）二月の屋島合戦に至るまで、平氏一門は一年余りをこの地で過ごすことになる。屋島は、かつて西暦六六三年の白村江《はくすきのえ》の戦いのあと、唐《とう》・新羅《しらぎ》連合軍の侵攻を防ぐための山城が築かれた要害の地であった。また、瀬戸内海の要衝でもあり、海上交通を支配した平氏も、何らかの拠点を置いていたものと考えられる。

屋島に内裏を築き、平氏を支えたのが、阿波の豪族田口成良である。彼は「民部《みんぶ》大夫《だいふ》」を称したように、京で官人として活動し、叙爵して五位の位階を与えられた武将である。すでにふれたように、平清盛の重要な家人の一人で、『平家物語』（巻第六「築島《つきしま》」）によると、彼は大輪田泊《おおわだのとまり》の修築に際し奉行をつとめたとされる。

41——水島古戦場碑（岡山県倉敷市）

確実な史料でも、成良は南都焼き打ちの先陣をつとめたほか（『山槐記』治承四年十二月二十七日条）、美濃追討に参戦したこと（『玉葉』治承五年二月二十九日条）などが確認され、平氏軍制の中で重要な役割を果たしていたことがわかる。成良は清盛の腹心であり、平氏の重要な家人であった。とはいえ、平氏一門が知行したことも、遠征したこともない阿波の豪族が清盛の腹心となり、さらに頽勢《たいせい》に陥った平氏をなおも支援し続けたのはなぜであろうか。

そこには、阿波国における田口氏と、在庁官人近藤一族との対立が関係していた。近藤氏こそ、かの院近臣にして鹿ヶ谷事件で惨殺された西光を出した武士団だったのである。西光、俗名藤原師光《もろみつ》は、信西の郎従となり、その推挙で後白河の滝口《たきぐち》に任じられ、信西没後には後白河の側近として活躍することになる。すなわち、一族から後白河側近を出し、大きな政治的権威を有した近藤氏に対抗するために、成良は清盛にさまざまな奉仕を行い、その腹心となったのである。

鹿ヶ谷事件で西光が殺害された上に、治承三年政変の結果、阿波国は平宗盛の子宗親《むねちか》が受領となり、当然父宗盛の知行国となった。こうしたことで近藤氏はすっかり力を失ったが、内乱と平氏の敗走で再び勢力を挽回しつつあったと考えられる。また、伊予《いよ》の河野《こうの》氏など、田口氏と対立する豪族が後白河・源氏側として攻勢を強めつつあった。成良は、こうした勢力と戦うために、あくまでも平氏と安徳の王権を擁立しようとしたのである。地域における武士相互の対立が、平氏を擁護する勢力を生み出し、一種の地域権力を創出したことになる。

成良が周辺を制圧し、平氏の強力な基盤を形成することに成功した背景には、水島合戦の勝利が密接に関係していた。平氏はその後、室山合戦にも勝利して勢力を大きく挽回する。次に、この二つの合戦に勝利した背景について検討することにしたい。

水島・室山合戦

備中国水島における合戦は、義仲に手痛い敗北を重ねていた平氏が、ようやく初めて義仲から奪った勝利であった。『平家物語』（巻第八「水島合戦」）には水上戦闘に習熟した平氏と、逆に戸惑う義仲軍の相違が描かれている。義仲軍は、有力武将の矢田《やだ》（足利）義清を失うなど、大きな打撃を受けて退却した。田口成良の支援を受けた平氏が、しばらく屋島を拠点として権力を維持できたのは、この勝利の結果である。

義仲が敗北した一因は、先述のように後白河との対立が関係していた。飢饉の京に入った義仲軍は寄せ集めの烏合《うごう》の衆《しゅう》であり、軍規も紊乱《びんらん》し乱暴狼藉を繰り返した。さらに義仲は安徳の後継天皇の決定に際して、安徳の弟で亡き高倉院の四宮である尊成《たかひら》親王（後鳥羽《ごとば》）の即位を決めた後白河院に対し、北陸以来擁立してきた以仁王の遺子北陸宮の即位を迫るに至ったのである。

皇位継承者の決定こそ、治天の君の最大の権限であり、後白河と清盛の対立の一因もその主導権争いにあった。それだけに後白河の憤懣《ふんまん》は大きく、両者の関係

42——北陸宮関係系図

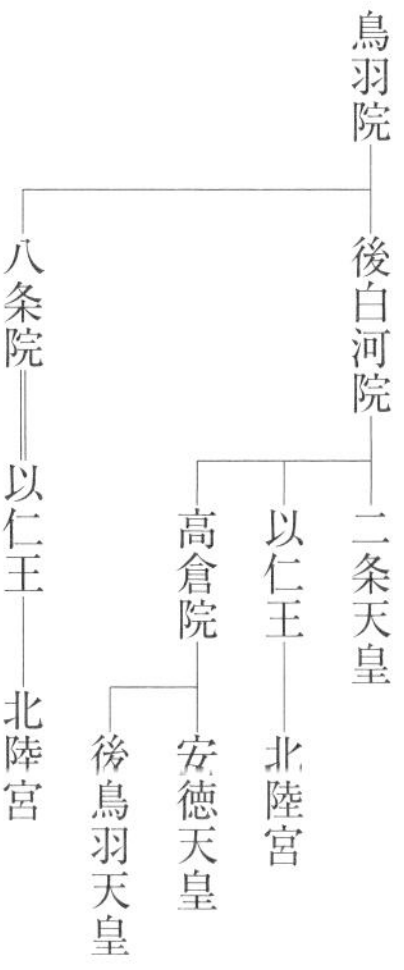

は著しく悪化することになる。こうした中、義仲は九月二十日に急遽平氏追討に出立しているが、後白河院に仕える畿内周辺の武士たちの協力は得られそうになく、また飢饉による兵粮不足も深刻であったから、十分な武力の動員が可能であったとは考え難い。

追討の拠点となった備前国は、盟友であり叔父でもある源行家の知行国ではあった。しかし、『平家物語』も述べるような瀬尾兼康一族の蜂起が起こる（巻第八「瀬尾最期」）など、元来平氏の基盤が強力であった上に、当時行家と義仲との関係も悪化しつつあったため、兵粮・兵士の徴発は困難であったと考えられる。当時、まだ屋島の拠点も定まっていなかった平氏が、義仲の追討軍を一蹴できた背景には、船戦に対する習熟度の相違とともに、こうした義仲側の動揺が影響していたのである。

義仲の敗走後、今度は行家が平氏追討に下向してくる。義仲と対照的に、後白河院に近侍した彼は、平氏追討を実現することで、義仲との立場逆転を図ったのである。京を出た時の行家軍はわずか二七〇騎に過ぎなかったが、河内の石川源氏などの協力で、一〇倍程度に増加するとみられていた（『玉葉』『吉記』十一月八日条）。先述のように、備前は行家の知行国だけに、在地の検非違所の武士らが重衡以下の平氏軍と国府付近で合戦をしている。しかし、すでに平氏の前衛は播磨に入り、室泊《むろのとまり》（室《むろ》津《のつ》、現兵庫県たつの市）付近に到達していた（以上『吉記』寿永二年十一月二十八日条）。

その後、十一月二十八日、教盛・重衡らが率いる平氏軍は播磨国「室山」で行家の軍勢に圧勝、再度源氏の追討軍に勝利をおさめたのである（『平家物語』巻第八「室山」）。この行家の追討軍は、義仲との対立からやむなく出撃した側面もあり、急遽のことであったため、兵力・兵粮不足は否めない軍勢であった。ただでさえ戦闘の指揮に関する技量に問題のある行家では、平氏軍に歯が立たなかったのである。

室山については諸説があるが、先述のように平氏の前衛が室泊にいたとされること、また合戦後も平氏軍が播磨国室泊に駐屯していたとされる（『玉葉』十二月二日条）ことから、播磨国西部の室津付近と考えられている。この勝利に勢いを得た平氏は、播磨を支配下におさめ、上洛を目指して東進することになる。

43――室津（兵庫県たつの市）

以上のように、水島・室山における平氏の二度にわたる勝利と、屋島を拠点とする平氏の活動は、追討側の脆弱さによってもたらされた面が強い。ただ、こうした戦闘を通して瀬戸内海周辺が大規模な戦乱に巻き込まれたことは事実であり、この地域の武士団は平氏方か追討方かのいずれかを選択することを迫られたことになる。すなわち、頼朝挙兵後の東国と同様の状況になったのである。

したがって、田口氏をはじめとする平氏方の武力は、従来のような戦乱と関係のない武士を強制的に動員した「かり武者」とは性格を異にする、自身の保全のために立ち上がり、あえて平氏に属した武士団だったのである。そうであればこそ、彼らは源氏側に激しく抵抗したのであり、彼らに支えられて平氏はしばらく屋島において地域権力の立場を保持することができたといえる。

福原奪回

義仲が平氏追討に遠征していた間に、後白河院はいわゆる寿永二年十月宣旨を下して、頼朝に東海・東山両道の軍事警察権を与えるなど、頼朝との連携を深めた。これを知った義仲は、後白河との対立を激化させることになる。後白河が挑発したこともあって、十一月、ついに義仲は後白河を院御所法住寺殿に襲撃し、院を幽閉するに至った。そして院近臣の多くを解官するとともに、後白河に近い近衛基通の摂政を奪い、提携する松殿《まつどの》基房の子師家に与えることになる。

しかし、義仲は治承三年政変における清盛のように、後白河院政を否定し、王権を独自に改変することはなかった。後白河を従属させ、院の名の下に義仲の思いのままの命令を下させたのである。彼は院御厩別当に就任した（『吉記』十二月一日条）のを手始めに、頼朝追討を命ずる院庁下文《いんのちょうくだしぶみ》を発給させ（同書十二月一日条）、年が明けるや征東大将軍に就任する（『玉葉』寿永三年正月十五日条）ことになる。

しかし、先にもふれたように、義仲に強制された院の命令には正当性がなく、多くの京武者たちは逆に義仲から離反してゆくことになる。法住寺合戦にも参戦した多田行綱は、かつての平氏都落ちの時と同様、拠点の多田で義仲に反旗を翻すに至った（『玉葉』十二月二日条）。さらに、伊賀・伊勢地域におけるかつての小松殿家人や平信兼らも、兄源頼朝の代官として上洛を目指す義経と連携することになる（同書十二月一日条）。そして、義経らは鎌倉から派遣された兄範頼以下の援軍とともに、京に突入する構えを見せたのである。

こうした状況下、行家軍を蹴散らした平氏は、播磨国の室津にあって上洛の機会をうかがっていた。京では、南海・山陽道は大半が平氏に属したとされ、平氏と後白河や義仲との交渉が行われたという噂が流れた（『玉葉』十二月五日条）。とくに平氏と義仲との交渉については、諸説が入り乱れている。一時は後白河を擁して、義仲が平氏と対決するという説も流れる（『玉葉』十二月七日条）が、義経らが率いる頼朝軍の圧力が強まるとともに、平氏と義仲が和平するという見方が強まる。右大臣九条兼実は十二月二十九日に、当時在京していた伊藤忠清の説として、和平が実現したという情報も得ている（『玉葉』）。

この間、義仲は上洛を目指す義経らとの対決に力を注ぐことになる。寿永三年（一一八四）正月八日、平氏は源氏側内紛の間隙を衝いて、ついに福原を奪回した（『百練抄』）。なお、一ノ谷合戦後の宗盛書状によると正月二十六日に「摂州に遷幸」したとある（『吾妻鏡』二月二十日条）ので、八日に前衛部隊が到着し、そして二十六日に安徳天皇を擁する平氏の本隊が福原に至ったものと考えられる。

こうしたことから、もはや平氏の上洛は必至と見られたが、平氏はその後も福原にあって動こうとしなかった。その理由として、義仲が後白河院を奉じて北陸に下る可能性があること、平氏が丹波で郎従を催したのに対し、義仲が軍を派遣して平氏郎従を殺害したこと、そして阿倍野（現在の大阪市内）で行家が待ち構えていることなどが噂された（『玉葉』寿永三年正月十三日条）。

このことから、平氏があくまでも後白河院との合流を前提としていたこと、義仲との和平交渉が不調であったこと、そして天皇や女房を伴うだけに、丹波や阿倍野といった上洛経路の安全を重視したことなどがうかがわれる。また、義仲と頼朝軍とが京で衝突するのを傍観し、漁夫の利を得ようとする面もあったのだろう。

正月二十日、頼朝の代官範頼・義経が畿内周辺の反義仲派を結集し、瀬田・宇治の二方面から入京、ついに義仲を討伐するに至った。京は頼朝軍によって占領された。かくして、長駆《ちょうく》上洛した頼朝軍と、安徳天皇と三種の神器を擁する平氏軍が、京・福原にあって対峙したのである。京では合戦か和平か、二つの路線選択をめぐってさまざまなやり取りが行われることになる。

3　一ノ谷の悲劇

和平と追討

先述のように、安徳天皇以下の平氏一門が福原に上陸したのは、義仲滅亡から間もない正月二十六日であった。前衛部隊は八日に到着していたから、安徳の到着までに周囲の敵対勢力を掃討し、都落ちに際して灰塵に帰した焦土の上に、安徳のための簡単な皇居や、一門の邸宅なども建設されつつあったのではないだろうか。

44——一ノ谷合戦関係地図

そのころ京では、まだ九州の軍勢は到着しないものの、平氏のもとには四国・紀伊などの軍勢数万騎が従っており、二月十三日には確実に入京すると噂されていた（『玉葉』二月四日条）。『平家物語』巻第九「六ヶ度戦」では、平教経《のりつね》を中心とする平氏軍が、淡路島など瀬戸内各地における六回の戦闘で源氏側を打ち破ったとする。確実な記録では確認できないが、源氏追討軍を一蹴した平氏側が勢力を拡大し、上洛に際し敵対する勢力を掃討したことは事実であろう。こうした情報が、平氏は「尩弱《おうじゃく》に非ず」（『玉葉』二月二日条）という評価につながったものと考えられる。

　これに対し、京にあった頼朝軍は、総勢二〇〇〇～三〇〇〇騎で（『玉葉』二月六日条）、大手・搦手の軍勢は、それぞれ一〇〇〇～二〇〇〇騎に過ぎなかった。このため、右大臣九条兼実は「天下の大事、大略分明か」（『玉葉』二月四日条）と記して、平氏の勝利、再度の上洛を確実視していたほどである。頼朝軍は長駆上洛し、義仲との戦闘を終えたばかりで疲労していた。しかも、義仲との闘いでは伊賀・伊勢の平氏の協力もあったが、今回は平氏一門との衝突だけに、そうした協力は困難であった。

平氏優位の見方が強い上に、三種の神器の安全な入京を優先する兼実以下の貴族たちは、平氏との和平を主張し、一時は信西の息子で平氏の信任も厚い僧静憲《じょうけん》（静賢とも）を和平の使者とすることも検討された（『玉葉』正月二十九日条）。また、頼朝軍も合戦に積極的ではなく、土肥実平・中原親能ら源氏の有力武将たちも、合戦より和平の使者派遣に強い関心を示していたという。しかし、後白河院の意を受けた院近臣たちの強い主張もあって、追討の方針が確定することになる（同書二月二日条）。

後白河が平氏追討の意志を固めた背景には、まず鹿ヶ谷事件・治承三年政変といった事件に対する遺恨、平氏に対する不信感があった。また、平氏都落ちに際して脱出したこと、大宰府攻撃の命令など、平氏に対する裏切り・抑圧に対する報復の危険も、後白河を追討に駆り立てる一因であった。そして何よりも、後白河は神器を擁した安徳の帰京によって、彼が即位させた後鳥羽天皇の立場が、ひいては治天の君たる自身の立場が、動揺することを恐れたのである。王権をめぐる平氏との対立は一層激化しており、もはや後白河にとって、平氏との妥協はありえなかったことになる。

一方、平氏は、水島・室津の二度にわたる合戦で源氏の追討使を撃退したほか、備前・備中などにおける小競り合いにも勝利して周辺の武士を組織したことで、軍事的な面で自信を有したことは疑いない。また、かつての拠点福原を奪回したことで、都落ち以後失われていた権威も回復し、畿内周辺の武士たちも、かつてのように従属すると考えていたのではないだろうか。

平氏は京の貴族たちと緊密に連絡を交わしていた（『玉葉』二月十一日条）から、京の情勢には通じていたものと考えられる。また在京していた伊藤忠清らからも、軍事・政治情勢は刻々と伝えられていたであろう。したがって、源氏内紛の有様や、上洛した頼朝軍が小人数であることなども知悉していたはずである。おそらく軍事面の優位を確信していたことであろう。さらに、後白河や貴族たちが三種の神器を希求していたことから、神器と安徳天皇を擁する以上、入京すれば王権の正当性という点でも優位に立てるという意識をもったに相違ない。

二月六日、その平氏のもとに、後白河の側近「修理権大夫《しゅりごんのだいぶ》」（おそらくは修理大夫藤原親信《ちかのぶ》）の書状が届いた。きたる八日に和平の使者として下向し、平氏の意向を聞いて院に伝えるので、それまでは源氏軍の攻撃はないとの内容であったという（『吾妻鏡』二月二十日条）。自身の優位を確信していた宗盛以下は、後白河側から和平要請が提示されるのを当然のことと判断したのである。そこに頼朝軍に対する過小評価、後白河の遺恨や敵意に対する油断があったことは否めない。

しかし、頼朝の代官範頼・義経率いる平氏追討軍は、後白河院の強い要請によって、すでに正月二十九日に京を出立していたのである（『玉葉』）。そして二月五日には、摂津国で二手に分かれて福原に向かっていた（『吾妻鏡』）。頼朝軍が一斉に平氏に襲いかかったのは、二月七日未明のことであった。ここに、安徳を擁して上洛を目指す平氏軍と、後白河の命を受けて平氏追討を目指す頼朝軍との全面衝突が開始されたのである。

奇襲と奇謀

頼朝軍が二手に分かれて平氏を攻撃したことは周知の通りである。まず平氏軍と遭遇したのは搦手の義経軍であった。『平家物語』巻第九「三《み》草《くさ》合戦」、『吾妻鏡』二月五日条によると、丹波・摂津との国境に近い播磨国三《み》草山《くさやま》において、重盛の息子資盛・師盛《もろもり》以下、小松殿一門を中心とする平氏前衛部隊と対峙した義経は、伊豆の武士田代信綱《たしろのぶつな》らの献策により、敵軍の油断を衝いて夜襲を仕掛けて圧勝したとする。この時、付近の民家・山野に放火する「大松明」という実戦的で残忍な戦法が取られたという。これを事実とすれば、日常的に実戦を経験してきた東国武士と、平氏の公達《きんだち》との間に力量の相違があったことは否定できないであろう。

しかし、そればかりではない。三草山の守備に当たっていた小松殿一門は、先述のように大宰府陥落に際し武力の中心である貞能を失ったほか、清経の自殺、真偽は不確実ながら資盛の降伏などで、武力も戦意も低下していた。しかも、主力となる精強な伊賀・伊勢の郎等とも分断されていたのである。こうした事情も、三草合戦の勝敗を決める一因となったとみられる。なお、詳細は後述するが、伊賀・伊勢の平氏郎等が動かなかったことが、一ノ谷合戦の勝敗に影響を与えたことは疑いない。

さて、明くる七日未明、頼朝軍と平氏本隊との衝突が開始される。『平家物語』（巻第九「一二之

45―生田神社（背後が生田森．兵庫県神戸市）

懸」「二度之懸」）によると、大手の範頼軍は東の木戸《きど》口《ぐち》である生田森《いくたのもり》を、搦手の義経軍は西の木戸口一ノ谷を、それぞれ攻撃した。東では武蔵の貧しい武士河原兄弟の先陣と無残な戦死、梶原景時《かじわらかげとき》・景《かげ》季《すえ》父子の奮戦など、西では熊谷直実《くまがいなおざね》と平山季重《ひらやますえしげ》の先陣争いなど、さまざまな逸話を残しながら激戦が展開されたとみられる。

『平家物語』（巻第九「坂落」）、『吾妻鏡』（二月七日条）は、義経の「鵯越《ひよどりごえ》」から一ノ谷への逆落《さかお》としこそが、合戦の帰趨を決したとする。しかし、つとに指摘されたように鵯越と一ノ谷は地理的に懸隔《けんかく》しており、逆落としの実態については疑問が呈されていた。そして、『玉葉』の二月八日条に「多田行綱、山方より寄せ、最前に山手を落とさる」とある点が注目され、鵯越を山手と称した『太平記』の記述もあって、鵯越からの突入は多田行綱の行動と解釈されるようになっている。

地理に精通した地元の武士なら、間道からの奇襲攻撃は十分ありうることである。行綱は、一ノ谷に向かう義経に当初から協力していたとされ、摂津国内の武士動員に当たったと見られる（『儒林拾要《じゆりんしゆうよう》』『雑筆要集』）。また『吾妻鏡』二月五日条によると、範頼・義経は摂津国で二手に分かれたとあるが、両者が駐屯したのも多田であったと考えられている。行綱は、かつては平氏に属していたが、先述のように都落ちに際して平氏を攻撃したため、平氏の報復を恐れており、積極的に頼朝軍に協力したのである。

一方、逆に平氏に対する報復を考えた一族もあった。以仁王挙兵に際し一族を多く殺害された渡辺党である。一族と考えられる源留《とどむ》が一ノ谷合戦に参戦したのはそのあらわれと考えられる（『儒林拾要』『雑筆要集』）。こうした地元の武士団は、本来地理不案内であった頼朝軍を先導し、平氏に対する奇襲を実現した。しかも、彼らは平氏に対する強い敵愾心《てきがいしん》を有しており、大きな戦力ともなったと考えられる。福原を奪回したとはいえ、かつて従属していた武士団を組織できなかった点に、平氏の大きな敗因があったといえる。

さて、鵯越の逆落としが義経ではなく、行綱の行動であったとされたこと、そして『徒然草《つれづれぐさ》』（二二六段）に、『平家物語』の作者行長《ゆきなが》が義経の事績に詳しかったとあることから、義経の活躍が肥大化したとみなされたことなどから、実際の合戦における義経の役割を低く評価し、さらには一ノ谷合戦という名称に疑念を呈する向きもある。だが、義経の活躍を否定することはできない。

合戦後、頼朝が後白河に行った奏上の中で、今後の平氏追討を義経が京武者を率いて行うとしている（『吾妻鏡』二月二十五日条）のは、義経と多田行綱以下の京武者たちが、一ノ谷合戦で大きな役割を果たしたことを明示するものである。また、わずかな表現の相違だが、『玉葉』二月八日条の記述に、範頼が福原に「寄」せたとあるのに対し、義経は一ノ谷を「落」としたとあるのも、両者の戦果の相違を物語る。さらに、範頼による平氏追討が行き詰まり、諸国に対する兵粮の負担ばかり嵩《かさ》み、追討の効果がないという状況で、義経の出撃が朝廷で待望されていたこと（『吉記』元暦二年正月八日条）も、義経が範頼を凌駕《りょうが》する戦功を立てたことを示唆する。

以上のように、断崖からの逆落としの有無は不明確ではあるが、義経が平氏の西木戸口である一ノ谷を突破したことが、合戦の帰趨を決したことに相違はない。それゆえに、『吾妻鏡』（二月七日条）の記述において戦場が一ノ谷に集中されて生田森に関する記述が消滅したのであり、そして何より「一ノ谷合戦」という名称が定着することになったと考えられる。

46—鉢伏山上から見た一ノ谷（兵庫県神戸市）

平氏の有力武将が相次いで討たれ、平氏が敗走した一因は、行綱の突入や義経の攻撃など、源氏の奇襲に動揺したことにある。また、先述した偽の和平使による「奇謀」によって油断した隙を衝かれた面もあったと思われる。それとともに、安徳や女官の脱出・警護に多くの武力を割いたことも忘れてはならない。安徳が上陸していたのか否かは不明確であるが、船で戦場を脱出させたことに相違はない。

しかし、『玉葉』二月八日条によると、「島」（経ヶ島《きょうがしま》か）付近に四、五十艘の船が停泊していたが、「めぐり得べからざるにより、火を放ち焼死し」てしまったと記されている。放火・焼死は疑問であるが、多くの船で泊まりが混乱し、脱出に時間を要した様子がうかがわれる。このことが、平氏軍の動きに混乱を招き、敗因につながった面もあったのではないだろうか。

平氏敗走

この合戦では、平氏軍敗走の中で、多くの公達や武将が討たれた。『平家物語』には、彼らに関する多数の悲話が綴《つづ》られている。

まず、清盛の腹心平盛俊は源氏方の猪俣則綱《いのまたのりつな》の騙し討ちにあった。清盛の末弟で風雅の武将忠度の無残な最期、清盛の子で平氏一門の軍事的中心の一人本三位《ほんさんみ》中将重衡が、郎従の裏切りから生け捕りとなる顚末《てんまつ》、そして若武者敦盛《あつもり》が熊谷直実に討たれた有名な逸話、さらに逃れる知盛の身代わりとなったその子知章の討ち死に、自害しようとするところを敵に取り囲まれて討たれた通盛、小舟に乗りながら知盛の郎従を助けようとして溺れ、ついに討たれた師盛の非業の最期など、『平家物語』は一門の悲劇を劇的に紹介する。

もっとも、敦盛は無官の大夫ではなく、一〇年前に受領に任官していた。したがって、まだ一五、六歳の少年であったとは考え難い。また、敦盛を討って無常観を抱いたためとされる熊谷直実の出家も、一族との所領争いが原因であった。このように、有名な逸話にも多くの虚構があり、平氏の武将の敗北をより悲劇的に描こうとする作為があったことは疑いない。

それはともかく、『吾妻鏡』二月十五日条によると、重衡が捕虜となったほか、頼朝軍各部隊が討ち取った主要な平氏一門は次の通りであった。まず大手範頼軍は通盛・忠度・経俊《つねとし》を、また遠江守安田義定の手勢は経正・師盛・教経を、そして搦手義経軍は敦盛・知章・業盛《なりもり》・盛俊を討ったとしている。

甲斐源氏の武将義定が一方の大将と位置づけられていたことから、源氏軍が『吾妻鏡』二月五日条のように、範頼・義経の下に統制されていなかったことがわかる。なお、このうちの教経は『平家物語』では戦場を脱出したことになっていて、壇ノ浦合戦における活躍が描かれている。また『玉葉』にも、彼の首を偽物とする説が紹介されており（二月十九日条）、一ノ谷で討ち死にしたか否かについては疑問がある。

47── 敦盛塚（兵庫県神戸市）

捕虜となった重衡はともかく、すでに安田元久氏の指摘のように、ここで討たれた人々の多くは一門の傍流に属していた。経正・経俊・敦盛は、清盛の次弟経盛の子供、通盛・教経・業盛は、経盛の弟教盛の子供たち、忠度は清盛末弟であり、師盛は小松殿一門の庶流であった。彼らが、危険な最前線に配置されていたことを物語っている。

したがって、一門の多くを失ったとはいえ、重衡を除けば、宗盛・知盛をはじめとする一門の中心は依然として安泰であったことになる。神器を有した安徳天皇も、平氏の正当性を保証する存在であった。また、田口氏をはじめとする屋島周辺の武士たちも、先述のように単なる「かり武者」ではなく、周辺の武士団との対抗上、平氏に強く依存する存在であった。したがって、再び屋島に拠った平氏が、再起不能に陥ったわけではない。平氏はなおも瀬戸内海の制海権を有し、一年余りの命脈を保つのである。

しかし、平氏東進の趨勢《すうせい》に従った西国の「かり武者」たちが脱落したことは否めない。同時に、平氏の上洛を撃退した頼朝は畿内の支配を確立し、後白河の王権の擁護者として政治的地位・権威を著しく躍進させたのである。元来平氏に属した京・畿内周辺の武士たちも頼朝軍に従属するのは当然であった。もはや平氏が源氏を武力で圧倒することは困難となったのである。したがって、この合戦の敗北によって、平氏が再び上洛し京に乗り込む可能性は大きく低下したとみられる。

かくして、以後の平氏に残された道は、切り札である三種の神器と安徳天皇の帰還を交渉の手段として、名誉ある和平の道を探ることしかなかったのである。捕虜となって都に戻った重衡は、さすがにこのことを察知していた。彼は二月十五日、前左衛門尉重国を使者として屋島の兄宗盛に遣わして和平の必要を説いたのである。

しかし、これに対する宗盛の反応は厳しいものであった。先述したように、彼は院の「奇謀」を激しく責めたのである。宗盛の返書（『吾妻鏡』寿永三年二月二十日条）によると、二月六日に院近臣修理権大夫（修理大夫藤原親信か）からの書状があり、それには「和平の議が起こり、八日に院の使者として下向する予定で、安徳天皇の意見を京に伝えるまでは源氏の軍事行動も制止した」という内容が記されていた。これを聞いた平氏が勅使を待っていたところへ、思いもかけず源氏が攻撃を加えたというのである。これを事実とすれば、書簡が合戦の勝敗にある程度の影響を与えたことは疑いないだろう。宗盛は、このことを「奇謀」と称するとともに、安徳天皇と三種の神器の帰京を阻んでいるのは院自身だとして、激しい非難を浴びせたのであった。

むろん、多少の油断が戦況に影響したことは否定できない。しかし、源氏軍の進撃を平氏が知らなかったわけではないから、敗北した宗盛のいい訳のような面もある。少なくとも「奇謀」が合戦の帰趨を決めるほどの影響を与えたとは考え難い。この書簡の中で、宗盛は源氏に対し意趣のないことを述べて、天皇と神器の無事入京に院が協力することを要請していたため、京では和平提案として受け止める向きもあった（『玉葉』三月一日条）。しかし、平氏を敵視する後白河にこれに応ずる意志があったとは

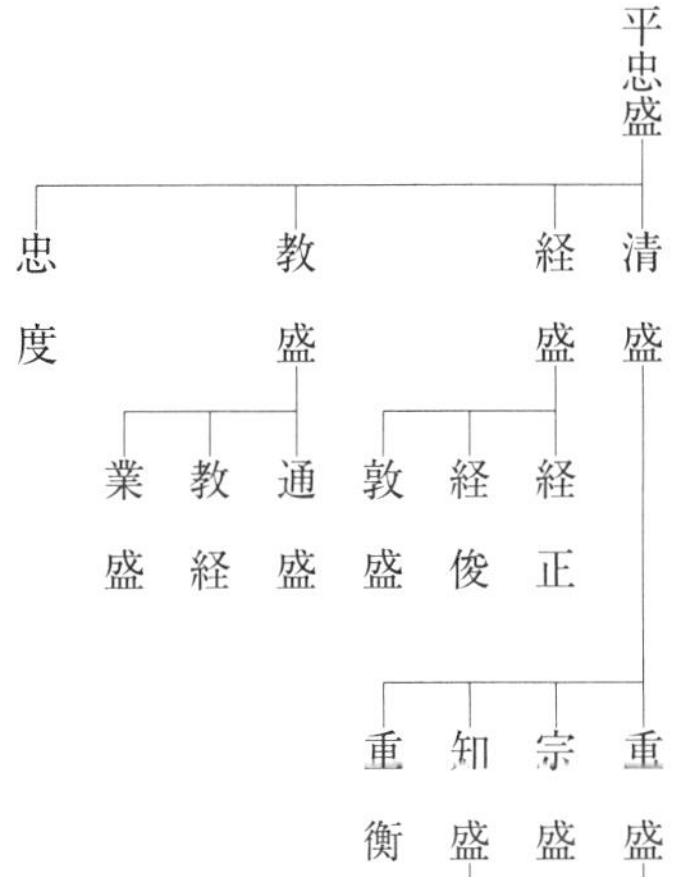

48——一ノ谷合戦の平氏方犠牲者系図

思えない。また、一ノ谷合戦に勝利をおさめ全国を軍事的に制圧する可能性が高まった頼朝も、この段階で和平に応ずることはあり得なかった。

何より宗盛自身も、またしても繰り返された院の裏切りを通して、もはや名誉ある降伏の道が閉ざされていることを思い知らされたはずである。彼はもはや軍事的勝利か、はたまた滅亡かという覚悟を決めていたと考えられる。このことを裏付けるように、これ以後の平氏は切り札ともいうべき安徳の身柄や三種の神器を和平交渉の材料とすることもなく、屋島・壇ノ浦合戦における軍事的敗北によって、悲劇的な滅亡を遂げるのである。それは一ノ谷合戦からわずか一年余りのちのことであった。

Ⅵ 平氏滅亡

49── 安徳天皇

安徳天皇は，治承2年（1178）に生まれ，外祖父の清盛に擁立され，二年後に即位した．しかし，平氏都落ちで西海に逃れ，元暦2年（1185），壇ノ浦合戦で祖母平時子とともに海中に没した．

一ノ谷合戦で敗れた平氏は、なお屋島で一年を過ごすことになる。この間の元暦元年（一一八四）六月、都落ちに際して取り残された伊賀・伊勢平氏の蜂起が勃発し、平氏追討に出立するはずだった源義経を京に釘づけにした。代わって下向した源範頼と東国武士たちは山陽道を制圧するが、平氏の拠点である長門攻略は難航した。

こうした情勢に危機感を抱いた義経は、元暦二年二月、急遽平氏の拠点屋島に電撃的な攻撃を加え、屋島内裏を破壊し、平氏一門を長門国に追い払った。長門に追い詰められた平氏一門は、わずか一月余り後の三月二十四日、壇ノ浦合戦で敗北を喫し、安徳天皇、三種の神器の一つである宝剣とともに、海の藻屑となるのである。

本章では、この間、平氏が持ちこたえた背景、そして急激に滅亡に向かった原因、義経に敗北を喫した背景などについて、検討を加えることにしたい。

1　平氏の抵抗

再起する平氏

再上洛を目指した決戦に敗北した平氏は、再び屋島に帰着した。その軍勢は三〇〇〇騎と噂されている（『玉葉』二月十九日条）。この時、維盛の船団三〇艘《そう》が離脱し

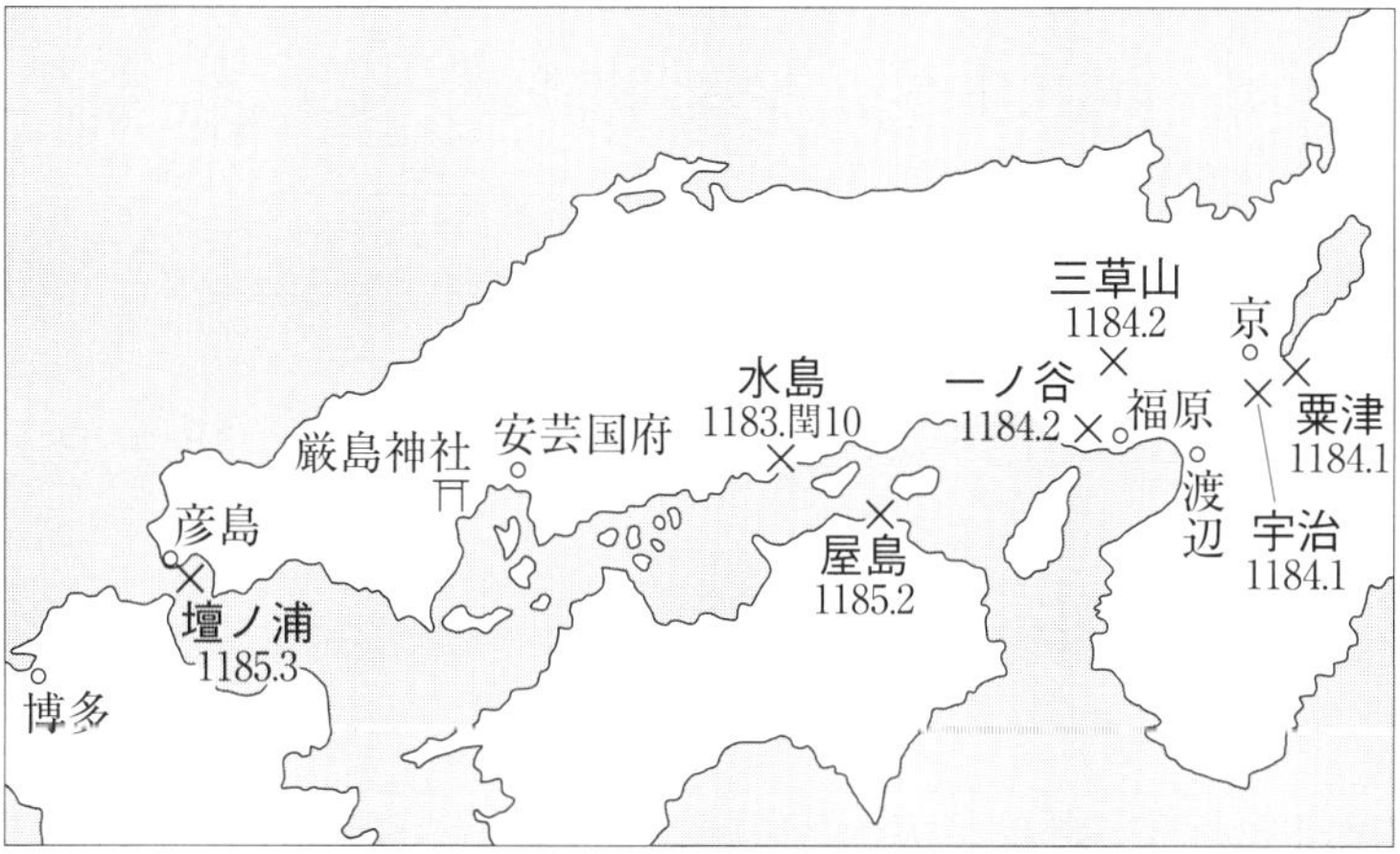

50――瀬戸内海地図

て南海に去ったことと、あわせて資盛・貞能が豊後の武士に生け捕りにされたということが記されている。おそらく、小松殿一門の離脱が京で話題となったのであろう。

先にも触れたが、頼朝は合戦後の後白河に対する奏上の中で、今後の平氏追討は、「源氏・平氏を号し、弓箭を携えるの輩」、すなわち多田行綱のような京武者たちが、義経の指揮で行うように命じてほしいとした。そして海路の難はたやすくないが、ことに急ぎ追討すべき由を義経に命じたとしている。その出撃は三月一日とされたが、急遽延期されている（『玉葉』二月二十九日条）。

兼実は、延期の理由を和平交渉の進展のためとする説を掲げ、神器・天皇・時子の帰還と引き換えに、宗盛を讃岐に居住させるという噂まであったとしている（同前）。しかし、すでに述べたように、宗盛の書状も和平を求めるものではなかったし、また後白河や頼朝が和平に応ずるとは考え難い状態であった。したがって、延期の理由は別に存したと考えられる。

その最大の原因は、大軍を派遣するだけの兵粮が不足していたこと、このために京武者の招集が困難であったためと考えられる。一ノ谷合戦の前後から、兵粮米徴収に対する禁令が相次いでおり、頼朝に対し武勇の輩による狼藉の鎮圧が求められている（『玉葉』二月二十三日条）。思えば、空前の大飢饉の最中、治承四年の以仁王挙兵以来、遷都騒動も含めて、畿内周辺は戦乱・混乱の連続であり、京武者も住人も疲弊の極みにあった。畿内の武力を率いた大規模な遠征は困難だったのである。

頼朝は、一ノ谷合戦の直後に、土肥実平を備前・備中・備後《びんご》三国の、そして梶原景時を播磨・美作両国の、それぞれ惣追捕使《そうついぶし》に任命し、平氏に対する最前線の警護を担当させた（『吾妻鏡』二月十八日条）。追討使派遣までの臨時の措置であったが、結果的には彼らが数ヵ月にわたり最前線で平氏と対峙することになった。むろん、本格的な追討使派遣に比べて圧力が弱まったことはいうまでもない。

この追討使の延期が、一ノ谷合戦で大打撃を受けた平氏を立ち直らせることになる。

まず、『吉記』四月二十七日条には、「平氏なお強々」とあり、九州の松浦党《まつらとう》との合流が噂されている。ついで『玉葉』六月十六日条によると、平氏軍が備後において土肥実平の息子早川太郎《はやかわたろう》の軍勢を追い散らしたため、播磨の梶原景時が備前に進撃したところ、その間隙を衝いた平氏は播磨国の室津を焼き払ったという。このため、在京の武士が動員されるに至ったが、その軍勢は五〇〇〇騎に過ぎなかった（同書十七日条）。平氏が山陽道において勢力を挽回《ばんかい》しつつあったこと、同時に瀬戸内海において制海権を有し、自在に航行できた様子がうかがわれる。

これを聞いた兼実は、大将軍が遠く離れていては、追討は「泥の如し」であると非難している。おそらく、義経が在京したままで、郎等のみを派遣しても、平氏追討には効果がないと見たのであろう。ついには「大事の出来《しゅったい》」、すなわち源氏の敗北を予想する見方まで登場している（同書二十三日条）。さらに、平氏によって、院が九州に派遣した召使の面に焼印が押され、鎌倉が派遣した雑色《ぞうしき》一〇人が斬首されたという情報も入った（『山槐記』七月六日条）。軍事的優勢を背景に、平氏が強気な態度に出たことを物語る。

ついで『玉葉』八月一日条によると、平氏は安芸国《あきのくに》で土肥実平の軍勢を六度打ち破ったという。また同日条には「鎮西、多く平氏に与しおわんぬ」とあって、山陽道における平氏の優勢を背景に、九州の武士が平氏に属しつつあったことを物語る。こうした情勢を受けて、ついに頼朝は義経の西国派遣を決定する（『吾妻鏡』七月二日条）。

ところが、義経は翌年正月まで出撃することはなかった。『吾妻鏡』八月十七日条は、義経が頼朝に無断で後白河院から検非違使・左衛門少尉に任じられたことが、頼朝の逆鱗《げきりん》に触れ、頼朝は義経の追討使を「猶予」したためとする。しかし、この記述については、多くの疑問が呈されている。たとえば、後白河との接近が問題となる義経を在京させたこと、また菱沼一憲氏の指摘するように、後白河が平氏追討の最中に源氏の内紛を煽ることは考え難いこと、その後義経が叙爵・昇殿した際に頼朝が反発していないこと、翌年正月には頼朝の腹心大江広元《ひろもと》の目代が検非違使義経の祝宴の準備に当たったこと（『大夫尉《たいふのじよう》義経《よしつね》畏《かしこまり》申《もうす》記《のき》』）などである。こうしたことから、『吾妻鏡』の記述は到底事実とは考え難い。

義経が京に釘付けとなった原因は、七月に勃発した伊賀・伊勢両国において、平氏の郎等、一門の蜂起にあったのである。以下では、この事件を伊賀・伊勢平氏の蜂起と称することにしたい。

伊賀・伊勢平氏の蜂起

元暦元年（一一八四）七月八日、朝廷に衝撃的な報告がもたらされた。伊賀・伊勢両国の武士たちが反乱を起こし、伊賀を「知行」していた大内惟義《おおうちこれよし》の郎従を皆殺しにしたというのである。その大将軍は平氏重代相伝の家人平（平田）家次であった（『玉葉』）。彼は、忠盛・清盛の腹心家貞の長男で、侍大将貞能の兄にあたる。治承四年（一一八〇）十二月には近江追討で前衛をつとめ、多大の成果を上げたことは先述の通りである。

一方、伊勢では平氏一門の友軍といった立場にあった平信兼が蜂起し、鈴鹿峠《すずかとうげ》を切り塞いだという。信兼は、伊勢平氏の傍流で、頼朝に最初に血祭りに上げられた伊豆の目代兼隆の父ではあるが、院政期に活躍した父盛兼《もりかね》以来、一貫して清盛一門から独立した行動を取ってきた。前年の十二月には、義仲討伐のために上洛しようとした義経に協力している（『玉葉』寿永二年十二月一日条）。また、九条兼実の知行と見られる和泉守《いずみのかみ》を重任するなど、摂関家にも近い武将であった。

規模も大きく、しかも京に近い地域での反乱でもあったことから、この報告を受けて院中は大騒動となった（『玉葉』七月八日条）。『平家物語』は「三日《みっか》平氏《へいし》」と称して、この蜂起を軽視するが、これは元久《げんきゅう》元年（一二〇四）に京都守護平賀《ひらが》朝雅《ともまさ》によって、四月十日から十二日の三日間で鎮圧された、平氏残党の蜂起と混同した結果である。元久に比して元暦の蜂起は、はるかに大規模で深刻な影響を与えることになる。

蜂起から二週間近くを経た七月十九日、大規模に膨れ上がった反乱軍は、上洛を目指し近江国甲賀《こうが》郡《ぐん》付近で源氏側の追討軍と衝突した。反乱軍は激戦の末に敗北を喫し、首謀者の一人平田家次は討ち取られた（『山槐記』七月十九日条）。これを聞いた兼実は「天下の大慶、何事かこれにしかんや」と安堵している（『玉葉』七月二十日条）。京に与えた脅威の大きさがうかがわれる。

しかし、戦闘は激烈をきわめ、事実上の近江守護で源氏側の大将であった佐々木秀義が戦死したのをはじめ、源氏側の戦死者は数百に及んだという（『玉葉』七月二十一日条）。やはり、平氏軍制の中心として活躍してきた軍団だけに、かなり精強な武力を維持していたことになる。そればかりか、平氏側の中心武将である伊藤忠清・平家資《いえすけ》らは逃亡・潜伏し、その後も京に大きな脅威を与えつづけるのである。

一方、伊勢における平信兼の反乱については、『玉葉』に記述がない。『吾妻鏡』（八月三日条）は信兼の子が反乱の首

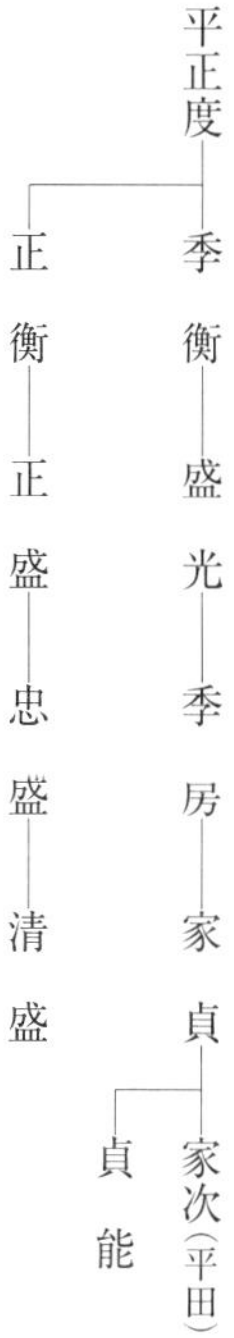

51——伊勢平氏家貞関係系図

謀者で、戦場から京に逃れたため、義経に追討を命じたとしている。しかし、『山槐記』八月十日条によると、義経は信兼の三人の息子を自邸に呼び寄せ、あるいは殺し、あるいは自殺に追い込んで、全員を殺害したとする。自ら義経邸に赴いたところを見ると、信兼の息子たちが蜂起に関与したのか否かは疑問である。

そして二日後、義経は伊勢の信兼の本拠を目指して出撃することになる(『山槐記』八月十二日条)。信兼との戦闘は、『源平盛衰記』(巻第四一「伊勢滝野《たきの》軍事」)に記されるのみである。これによると、義経は伊勢国滝野に一〇〇騎を率いて立てこもった信兼を攻撃し、激戦の末に打ち破ったという。信兼が討たれた原因について、同書は讒言《ざんげん》による冤罪《えんざい》であったとする。そうであれば、義経は入京における協力者の一族を、理不尽に滅亡に追い込んだことになる。信兼の多くの所領は義経の管理下に置かれた。

義経は、信兼追討ののちも、潜伏した伊藤忠清らの追捕や、京周辺の治安維持に専心する。忠清追捕が重要任務であったことは、翌元暦二年の正月、屋島出撃に際して忠清追捕を理由に制止する動きがあったこと(『吉記』正月八日条)や、後白河が高階泰経《やすつね》を使者として京中警護のために止めようとしたこと(『玉葉』元暦二年二月十六日条)などからも、明白といえる。また、義経が八月に検非違使に任じられたのも、京やその周辺の警備を担当するためであろう。

伊賀・伊勢平氏がこの段階で蜂起した直接の原因は、頼朝が派遣した大内惟義が平氏関係者を謀叛人として追討・没官しようとしたためと考えられる。もしも彼らが平氏一門主力と連携し、一ノ谷合戦の段階で蜂起していれば、頼朝軍の背後を衝いて大きな打撃を与えることが可能だったはずである。結果的には、時期を失した蜂起となってしまったといわざるを得ない。

伊賀・伊勢の平氏武士団は、小松殿一門の家人であった。このことが、彼らの動向を規定していたことに注意する必要がある。先述のように、重盛は頼盛と同様に頼朝助命に尽力したとされ、しかも資盛などは後白河の側近でもあった。重盛の子供、小松殿一門は心ならずも平氏一門に同行したものの、維盛のように離脱した者もあったし、忠房《ただふさ》は頼朝に一門の助命嘆願を申し入れたと噂された（『吉記』寿永三年四月二十八日条）。

小松殿一門の動向を見極めるために、挙兵に慎重になったのも止むを得ない。また、信兼も含めて、彼らは義経の入京に際して協力したのである。こうしたことから、伊賀・伊勢平氏たちも、頼盛と同様に頼朝と和平し、小松殿の公達とともに助命されることを期待していたのではないだろうか。

しかし、彼らに対する頼朝の判断は残酷であった。伊賀・伊勢平氏は大内惟義の圧力の前に挙兵に追い込まれて壊滅していった。そして、忠房をはじめとする小松殿の一門も、誰一人として頼朝に救済されることはなかったのである。

平氏主流の時子一門と小松殿一門との軋轢が、結果的に伊賀・伊勢平氏の挙兵時期を遅らせることになり、彼らは一門主力と連動することもなく、むなしく滅亡していった。しかし、彼らの挙兵が全く源氏側に打撃を与えなかったわけではない。義経を足止めし、義経と京武者による屋島攻撃という、当初頼朝が描いた平氏追討構想を大きく修正させたのも事実であった。

範頼の下向

義経の早期出撃を困難と見たこともあって、頼朝は範頼と東国武士による平氏追討を計画することになる。のちに、義経が四国を、範頼が九州を攻撃するという分担がなされたという記述が『吾妻鏡』に見える（元暦二年正月六日条など）が、当時平氏が屋島とともに長門を拠点とし、九州に原田・松浦・山鹿氏など、多くの家人が存在していたことを考えれば、こうした分担は当然のことといえよう。陸上戦闘に長けた東国武士たちは、当初から山陽道の攻撃を担当していたと考えられる。

元暦元年（一一八四）八月八日、頼朝の命を受けた範頼は、北条義時《よしとき》、足利義兼《よしかね》、武田有義、千葉常胤、三浦義澄、和田《わだ》義盛《よしもり》、比企能員《よしかず》以下、錚々《そうそう》たる東国武士の面々を統率し、平氏追討に出立した（『吾妻鏡』）。出立時は一〇〇〇騎であったとされるから、全員が鎌倉に集結したわけではなく、東国武士たちは三々五々自身の本領を出立して、西国で次第に合流していったものと考えられる。

『平家物語』は、英雄義経を際立たせるために、範頼を凡将と貶《おとし》め、京を出立したあと藤戸《ふじと》合戦では勝利したものの、その後は屋島も攻撃せず、各地で遊女を集めて遊興に耽《ふけ》り、追討が遅延したかのように記す（巻第一〇「大嘗会の沙汰」）。しかし、範頼軍は実際には迅速な行動で山陽道を西に進撃していた。八月には平氏が六回も土肥軍を破った安芸国も、十月初めには制圧しており、戦功のあった山方介為綱《やまがたのすけためつな》に恩賞が与えられている（『吾妻鏡』十月十二日条）。

ついで、『玉葉』十月十三日条によると、長門国で源氏方の「葦敷《あしき》」が平教盛軍に敗北したとあり、前衛部隊がすでに長門に到着していたことがわかる。葦敷は、源氏満政流の武将重隆《しげたか》で、代々検非違使・衛府などとして京で活動してきた典型的な京武者である。範頼も、東国武士のみならず、京武者を統率していたことがわかる。源氏追討軍における京武者、西国武士の役割の大きさがうかがわれる。

52―藤戸古戦場の佐々木盛綱像（岡山県倉敷市）

それはともかく、葦敷が撃退されたように、平氏の軍事的中心平知盛の拠点となっていた長門の抵抗は頑強であった。このため、範頼軍は長期駐屯を余儀なくされ、現地における兵粮の徴集が困難となったのである。しかも、同日条によると、平氏の兵船五、六百艘が淡路に到着したという情報もあり、瀬戸内海の制海権は依然として平氏が掌握していたことがわかる。兵粮の不足を聞いた頼朝は東国から大量の兵粮の送付を計画している（『吾妻鏡』三月十二日条）が、海上輸送は容易ではなかったとみられる。

こうした窮状に、侍所別当の和田義盛さえもが東国帰還を望み、範頼軍の士気は著しく低下した（『吾妻鏡』元暦二年正月十二日条)。そこで頼朝は九州渡海、九州の武士の組織化、そして平氏を包囲し、降伏に追い込むという作戦を範頼に指示する(同書元暦二年正月六日条)。かつて平氏を大宰府から追放した、豊後の豪族緒方維義らとの連携を図ったのである。

ただでさえ水上戦闘に不慣れな上に、武士や船の調達、そして当座の兵粮補給も困難である以上、海上決戦は望むべくもない。九州を征服するとともに、同地の武士を組織化することで、兵士・兵粮・兵船を調達することを指示したのである。四国の地理に疎い東国武士・九州武士では、屋島に対する電撃戦は困難であったことから、頼朝は包囲作戦を採用したものと考えられる。

なお、義経が壇ノ浦合戦で安徳天皇、平時子を死に追いやり、神器の一つ宝剣を失ったことから、義経の電撃作戦は天皇・神器を安全な奪回を無視したものとする見方もある。しかし、これは結果論に過ぎない。義経も頼朝も、迅速な作戦と天皇・神器の奪回が矛盾するとは考えていなかったはずである。包囲作戦は、義経の出撃が困難な状況で、九州の武士に依存するための次善の作戦であったと考えられる。このことは、範頼に対して九州の武士の組織が困難な場合は、屋島を直接攻撃するように命じている点からも窺知される(『吾妻鏡』正月六日条)。

53──彦島(手前は下関港．山口県下関市)

長門から範頼軍はいったん周防国《すおうのくに》に戻る。この国は元来後白河の知行で、平氏に対する反発が強いことから、在庁官人らは源氏側に協力的であった。また福原遷都の造営、のちには東大寺再建の造営のそれぞれ料国となっており、当時としては豊かな国であったと考えられる。同国の宇佐那木《うさなぎ》遠隆《とおたか》から兵粮を献上された範頼軍は、緒方・臼杵《うすき》氏が献じた兵船を利用して豊後に渡り、九州の平氏方を追討することになる。

『吾妻鏡』元暦二年二月一日条によると、範頼軍は芦屋《あしや》浦《うら》で、九州最大の平氏方である原田一族を殲滅している。このことは、平氏の九州への再度の逃亡を封じる重大な意味をもっている。海戦が困難な範頼軍としては、着実な戦果を上げていたものと考えられる。九州において敵対する者を倒すとともに、占領地域の武士を頼朝の御家人に組織化することも、彼らの使命であったとみられる。

一時的な困難には直面したが、範頼軍は九州に渡海し、戦果を上げつつあった。しかし、長門の攻略に失敗し周防に退去した事実は、京では重大な危機とみられることになる。かくして急遽、義経によって電撃的な屋島攻撃が敢行されるのである。

2　屋島合戦

義経の出撃

元暦二年（一一八五）、平氏一門は屋島で二回目の正月を迎えていた。前年は福原奪回を目前に控え、希望に満ちた正月であったが、今回は一門の多くを失い、再度の上洛も困難となった中での失意の正月となった。しかし、もはや和平が望めない以上、平氏に残された道は軍事的勝利以外になかったのである。

むろん、平氏に光明がなかったわけではない。田口氏をはじめとして、周辺武士との対立から、平氏と運命をともにすると見られた武士も少なくなく、また長門の拠点と合わせて、依然として瀬戸内海の制海権を掌握していた。海戦を回避し、しかも長門攻撃に難渋する範頼軍を見た平氏は、かつて義仲を蹴散らした水島合戦を想起し、再起も可能と見ていたのではないだろうか。瀬戸内海での軍事的優位を保つ以上、多くの地方武士を組織し続けることは可能であった。

しかし、その間に後白河側は新たな手を打っていた。元来後白河の知行国であった讃岐には院に心を寄せる在庁官人が多数あった。『平家物語』（巻第九「六ヶ度戦」）では、一ノ谷合戦を前に、在庁官人らが平氏に反抗し、淡路国に逃れて為義の子供たちとともに平氏と戦うが、平教経軍に敗北して多くの犠牲者を出し、残党は京に逃亡したとする。この戦いを、そのまま史実と見なすことは難しいが、讃岐の在庁官人たちの中に、京に逃れた者がいたのは事実である。『吾妻鏡』元暦元年九月十九日条は、平氏側から頼朝家人に転じた橘公業《たちばなのきみなり》が、在庁官人を率いて屋島攻撃を企図したとする。これらがどこまで事実を伝えるのか、疑わしいところがあるが、ともかく在地の武士たちが源氏側に組織されつつあり、現地の情報が追討使にもたらされていたことも事実と考えられる。同年六月には頼朝の義弟一条能保《いちじょうよしやす》が讃岐守に補任されているが、岩田慎平氏によると、これも在庁官人を組織する前提とみられる。おそらく、後述するように阿波国でも同様の動きがあったのではないだろうか。

先述のように、頼朝は挙兵に際していったん敵対した者でも、降伏すれば広範に受け入れた。これは、元来家人がなかったために、無駄な合戦を省いて軍団の拡大を図らざるを得なかったこと、そして家人と非家人の対立というしがらみに束縛されなかったことが影響していた。これに対し、元来平氏の場合は家人を擁護するために、家人と対立した者を徹底的に排除する側面があった。

今や平氏は屋島を中心とする地域権力となった。それだけに、家人を維持するために一層厳しく敵対勢力の排除を行ったのではないだろうか。その意味では、平氏の軍団は精強であるが、拡大する可能性はなかったのである。

一方、京では範頼による追討の行き詰まりに対し、追討の今後を危ぶむ動きが見られた。『吉記』元暦二年正月八日条によると、義経は「二・三月に及び、兵粮尽きおはんぬ。範頼もし引き帰さば、

54――天神橋（かつての渡辺．大阪府大阪市）

管国の武士等なお平氏に属し、いよいよ大事に及ぶか」と奏上し、院に屋島出撃を申し入れた。先にもふれたが、これに対して伊藤忠清の潜伏など、京の治安維持を理由に郎等を派遣すべきであるという意見もあったが、参議吉田経房は「郎従等を差し遣はすの間諸国の費ありといへども追討の実なきか。範頼下向ののち、この沙汰に及ぶか」と称し、義経の派遣に賛成している。

追討使の本命とはいいがたい範頼の追討難航を当然とし、義経出撃を支持する見方が貴族たちの間にあったこと、平氏が再度勢力を回復する危険性を危ぶむ見方があったことなどがわかる。そして兵粮問題の深刻化は、京の食料供給源である西国の食料を払底させることになり、京の飢饉をさらに悪化させる恐れもあった。

義経は十日に京を出て、摂津渡辺に駐屯（『平家物語』巻第一一「逆櫓《さかろ》」）し、一ヵ月を過ごすことになる。この間、頼朝は鎌倉殿《かまくらどの》御使として中原久経・近藤国平の両名を上洛させ、義経の任務を代行させる措置をとった。先述のように、義経の出撃を平氏の包囲・降伏を目指し、九州から屋島を攻めさせようとした頼朝の構想を否定するものという見方もある。しかし、一ヵ月の間、頼朝は制止しようとしていないし、鎌倉殿御使の派遣などの措置は、両者の連携を物語る。

そもそも、一ノ谷合戦直後から義経が本来の屋島攻撃の担当者であることに相違はなく、伊賀・伊勢平氏の蜂起と、それにともなう残党の追捕という偶発的な事情で、出撃が遅延したに過ぎない。ただ、義経の屋島出撃が急遽であった上に、範頼が遠隔地であったために連絡に手間取り、両者の動向や分担をめぐり混乱が生じ、範頼らに不満を抱かせた面もあったと考えられる。

義経は、摂津国渡辺において渡辺党の組織化を図った。彼らの一族は、かつて以仁王挙兵に際し頼政と運命をともにしていた。それだけに、平氏に対する強い遺恨を有したものと考えられる。一方、生駒孝臣氏によると、頼政と滅亡したのは渡辺党傍流で、嫡流源番《つがう》は本来平氏に近い立場にあったが、平氏の後退を見て急遽義経を支援したとされる（『古今著聞集《ここんちょもんしゅう》』巻第九）。渡辺党内部にもさまざまな思惑が交錯していたが、義経が強力な援軍を得たことに相違はない。大阪湾の水運に精通した彼らの協力は、四国渡海、屋島攻撃に際し不可欠だったのである。

一ノ谷合戦と同様に、そして本来の構想通り、義経は京武者とともに、平氏の拠点に向かったのである。二月十六日、なおも義経の出撃を制止しようとした後白河の使者高階泰経を振り切った義経は（『玉葉』）、阿波国に向かって出撃することになる。

屋島奇襲

『平家物語』（巻第一一「逆櫓」）によると、二月十六日、義経はわずか一五〇騎の郎等のみを率い、暴風雨を衝いて渡辺を出立した。そして、通常三日の行程を、暴風の追い風を利用して一日で阿波国に渡ったとする。そして、義経は徹夜で大坂越を駆け抜けて屋島に赴き、二月十八日には平氏を海に追い出し、屋島内裏を焼き払うことになる。まさに鬼神のごとき電撃戦である。小人数を強調する『平家物語』の叙述には疑問もあるが、短期間で勝利したこと自体はけっして虚構ではない。

この日程は『玉葉』の三月四日条に見える記述と一致しているし、渡辺出立を十八日とする『吾妻鏡』とは、日付に二日のずれがあるが、義経がわずか三日で勝利をおさめたとする点に相違はない。一年余りも拠点としてきた屋島を、平氏はいとも簡単に明け渡す結果となったのである。

『平家物語』（巻一一「勝浦　付大坂越」）は、少数の敵を大軍と見誤ってたちまちに内裏を放棄したことを、平氏の失策とする。しかし、後述するように、阿波の武士とも連携していた義経軍がわずかな人数であったとは考え難い。むしろ、平氏を驚愕《きょうがく》させたのは、背後の山から義経軍の奇襲を受けたことであった。おそらく平氏は、義経軍が渡辺津を出航したという情報を得ていたとみられる。当然敵の水軍は瀬戸内海から攻め寄せるであろうし、到達までさらに数日を要すると推測していたのではないだろうか。

想定外の敵襲に仰天した平氏は、陸上にいた安徳天皇や多くの女官を安全な海上に脱出させなければならなかった。彼らを防禦するために多くの兵力を割かねばならず、敵に対する迎撃態勢が迅速に構築できなかったものと考えられる。天皇の存在が、平氏の軍事行動を制肘した点は、一ノ谷合戦と同様といえる。また、『平家物語』（同前）のように、田口成良の嫡男教良《のりよし》が伊予の河野通信《みちのぶ》攻撃に出撃していたとすれば、平氏は海上に逃れて教良の帰参まで時間を稼ごうとしたとも考えられる。

さらに、平氏にとって誤算だったのは、腹心田口成良の本拠である阿波国を簡単に突破されたことである。『吾妻鏡』二月十八日条によると、阿波の住人近藤親家《ちかいえ》に先導された義経軍は、阿波の国衙を抑えていた成良の弟桜庭介良遠《さくらばのすけよしとお》を打ち破っている。また、『源平盛衰記』には、その養父良連《よしつら》を討伐したという説も見られる。義経軍は、田口氏の本拠を制圧したことになる。

この時、義経を先導した親家は、西光を生んだ阿波の豪族近藤氏の出身で、西光の子という説もある。『平家物語』（巻第一一「勝浦 付大坂越」）では、平氏の命で海岸を警戒していたところ、上陸した義経軍に敗れて降伏し、先導役となったという。しかし、西光の一族が平氏に従属するのも考え難く、また義経が偶発的に出会った武士に重要な先導役を委ねることも考えられない。

先述の通り、近藤・田口両氏は、阿波で激しく対立し、それぞれ後白河院、平清盛に接近してその保護を受けていた。やがて後白河と清盛が対立し、在地の対立と中央のそれが結合することになる。そして鹿ヶ谷事件で西光が殺害され、治承三年政変では後白河院政停止、平氏一門による阿波知行に移行し、田口氏の躍進と裏腹に近藤氏は逼塞《ひっぱく》するに至った。先述のように、平氏都落ち後、讃岐・阿波の在庁官人たちは平氏に反抗したが、平氏の屋島進出とともに京に逃れたとされる。親家自身、もしくは一族が京にあって、後白河や義経に接近したのではないだろうか。

55── 屋島（香川県高松市）

義経軍は、一ノ谷合戦の多田行綱、大阪湾渡海における渡辺党のように、地理に精通するとともに、平氏に強い敵愾心を持つ者をつねに先導役としてきた。今回の近藤親家も、まさにこれと同様の立場にあった。義経と結んだ親家の行動には、日頃の田口氏による圧迫に対する報復、そして長年の対立に決着をつけようとする意図がこめられていた。義経の迅速な行動と、勝利の背景には親家の協力が存したのである。親家に限らず、阿波・讃岐の反平氏派が多数参戦したことは疑いない。義経軍勢をわずか一五〇騎とする『平家物語』の記述は、義経の超人的な活躍を強調するための虚構と考えられる。

　平氏がいち早く脱出したため、屋島合戦では激しい戦闘が展開されることはなかった。『平家物語』には、義経の身代わりとなった佐藤継信《さとうつぐのぶ》の討ち死に、那須与《なすのよ》一《いち》の扇の的、義経の弓流しなど、多くの逸話が記されている。平泉以来の腹心継信の戦死は、義経にとって重大な人的損失であり、平氏にとっては正に一矢《いっし》を報いた戦果であったといえる。しかし、それが合戦や源平争乱そのものの帰趨に大きな影響を与えたとは考え難い。その後の展開に最も大きな影響を与えた事件は、田口成良の嫡男教良の降伏と、屋島内裏の喪失に他ならない。

内裏喪失

『平家物語』巻第一一「志度《しど》合戦」には、伊予国の河野通信追討に勝利をおさめた田口教良の軍勢三〇〇〇騎が、わずか一六騎を率いた義経の腹心伊勢三郎の巧言によってたちまちに降伏し、捕虜となったという逸話がある。この結果、平氏の支柱ともいうべき田口成良が動揺し、ついには壇ノ浦合戦で平氏を裏切ることになる。教良の降伏は、その後の源平争乱の帰趨をも左右した重大な出来事であったといえる。

おそらく、教良が降伏したのは事実であろう。しかし、『平家物語』に描かれた降伏の経緯は、あまりに荒唐無稽であり、とうてい信じることができない。真相について改めて検討する必要があるだろう。

教良は、伊予の豪族河野通信との戦闘に勝利して帰参するところであったという。ところが、多くの戦死者を出して敗北を喫したはずの通信は、そのあとを追うように兵船三〇艘を率いて屋島に参入し、義経の配下となっている（『吾妻鏡』二月二十一日条）。『平家物語』ではさらに多い一五〇艘を率いたとする。いずれにしても、大敗を喫した者の行動とは考えられない。実際には、『平家物語』とは逆に教良は河野通信に敗れ、敗走してきたと考えるべきである。したがって、教良は河野と義経に挟撃され、進退窮《きわ》まって降伏したことになる。

河野氏は、伊予国越智郡《おちぐん》でかつては郡司《ぐんじ》をつとめた伝統的豪族である。通信の父通清《みちきよ》は養和元年（一一八一）に挙兵したが、高縄城《たかなわじょう》で備後国の平氏方武士額《ぬか》（奴可）入道西寂《さいじゃく》に殺害されている（『吉記』八月二十三日条、『平家物語』巻第六「飛脚到来」)。その後を継いだ通信は、一ノ谷直前、教経と交戦し敗北したとされる(『平家物語』巻第九「六ヶ度戦」)。隣接する平氏方の武士団との抗争を繰り返してきた一族であり、讃岐を田口氏が占領して以来、鋭く対立していたのである。

当時、山陽道はすでに範頼に平定されており、河野氏を脅かした対岸の勢力は一掃されていたものと考えられる。こうした情勢で、平氏・田口に味方してきた在地勢力にも動揺が発生しており、精強を誇った田口の勢力にも翳《かげ》りを生じていた。阿波の拠点が簡単に陥落したのも、義経の奇襲もさることながら、近藤をはじめとする現地武士団の活動が影響した結果であった。屋島における平氏敗北の原因は、再び強まった後白河院・頼朝軍による圧力の前に、在地の武士たちに動揺が生まれ、地域権力が弱体化していたことにこそ存したのである。

頼朝は、範頼に随行していた梶原景時を屋島に派遣し、平氏を包囲する作戦をとろうとしたが、景時の到着が遅れたため平氏は長門に逃れることになる。『平家物語』巻第一一「逆櫓」は、渡辺津出立に際し、義経と景時との間で「逆櫓」をめぐる論争があって両者の遺恨の原因となったとし、さらに暴風雨の中の出撃を恐れた景時が遅延したなどとする。しかし、景時はそれまで範頼に随行していたと見られる(『吾妻鏡』二月十四日条)ため、事実とは考えられない。

この結果、屋島で最終的な決着はつかなかった。しかし、京と対峙する内裏として、また瀬戸内海の要衝として、平氏の拠点となっていた屋島の陥落は、平氏の没落を印象付けるとともに、制海権の喪失を物語るものであった。田口成良らの脱落も当然のことであった。かくして、平氏は最後の拠点長門に追い詰められたのである。

3　壇ノ浦合戦

決戦前夜

屋島を追われた平氏一門は、讃岐国塩飽荘《しあくのしょう》に逃れるが、ここも義経の攻撃を受けて安芸国厳島《いつくしま》に退いたという噂が流れた（『玉葉』三月十六日条）。その翌日には、平氏は備前国小島《こじま》（児島）、伊予国「五ヶ島」に移ったとする説、さらに九州の三〇〇艘が加わったとする情報（同十七日条）などが京に伝わっているが、実相は不明確である。いずれにせよ、平氏一門は源氏側の攻撃を回避しながら、長門に逃れたのであろう。

すでに九州は範頼率いる源氏軍に占領され、原田以下の家人も壊滅している。長門で敗北すれば、もはや平氏には逃れる場所は国内には残されていないのである。高麗《こうらい》や宋への脱出も現実的に想定しがたい。さりとて、再三にわたる後白河の厳しい対応や、平氏に対する憎悪を考えれば、神器・天皇と引き換えに平氏一門の安全を図ることなどという事態は、とうてい考え難いことであった。かりに頼朝の当初の方針のように、平氏を包囲したとしても、和平交渉は実現しなかったと考えられる。

平氏には、合戦に勝利して退勢を挽回する以外に生き延びる道はなかった。長門国において平氏は

56――安徳天皇社（香川県高松市）

存亡を懸けた戦いを覚悟していたのである。屋島合戦では、想定外の奇襲で内裏を奪われた上に、田口教良の降伏という事態が発生しているが、一門に大きな損害はなかった。また、水島合戦に勝利したように、平氏は海上戦闘では源氏に優位にたつと考えられていた。九州の平氏家人を加えて、長門で得意の海上戦闘に持ち込み、源氏軍を打ち破れば退勢挽回も可能とみたのではないか。

屋島合戦から壇ノ浦合戦まで、わずか一ヵ月余りに過ぎない。通常、義経の攻撃が迅速であったことが強調される。反面、平氏もまた、あえて早期に決戦を挑んだ点を忘れてはならない。源氏に包囲され持久戦となれば、田口成良をはじめ家人にも動揺が見られただけに、時間の経過とともに脱落者が増える恐れもある。平氏は彦島《ひこしま》に立てこもることなく、水軍を前面に押し出して東に向かって進撃し、有利と見られた海上決戦を挑むことになったのである。

一方、義経も海上決戦に備えて、水軍を充実させていた。屋島攻略の直後、渡辺党などに加えて、紀伊国の熊野水軍も傘下に収めていたのである（『吾妻鏡』元暦二年二月二十二日条）。『平家物語』（巻第一一「鶏合　壇浦合戦」）では、源平いずれにつくかを迷った熊野別当湛増が闘鶏《とうけい》で決したとするが、むろんこれは伝説に過ぎない。湛増は、すでに治承四年（一一八〇）段階から平氏に反抗しており、平氏の退勢を見て追討軍への加担を決意したものと考えられる。

この直前、頼朝は湛増の異母妹で、平忠度の室であった女性に竹谷《たけのや》・蒲形《かまかた》両荘を安堵している（『吾妻鏡』二月十九日条）。忠度の所領として平氏没官領となっていたものを返還したことになるが、すでに菱沼一憲氏が指摘したように、こうした措置がとられた背景には、熊野水軍との提携を図ろうとする頼朝の意図があったと考えられる。

57――満珠・干珠島（山口県下関市）

ただ、熊野水軍の参戦など、事態の急激な進展は、包囲作戦を遂行中の範頼軍には、想定外のことではなかったか。範頼が熊野水軍の参入や、義経の九州への出陣を懸念したのも当然といえる（『吾妻鏡』三月九日条）。これに対して、頼朝は熊野水軍の参戦は事実ではないと答えており（同書三月十一日条）、まだ湛増や義経の動向を正確に把握していなかった。こうしたことが、のちに範頼やその配下の東国武士の間に、義経に対する誤解と反感をもたらすのである。

また、十四日、頼朝は鬼窪行親《おにくぼゆきちか》を使者として範頼のもとに派遣し、賢所《かしこどころ》をはじめとする宝物の奪回を命じている（『吾妻鏡』）。谷昇氏の指摘のように、当初、安徳個人の身柄の確保を目指した頼朝が、この段階では神器・宝物を重視するようになったことを示している。頼朝の認識の変化を物語るとともに、まだ長門における平氏との合戦の中心を、範頼軍と想定していたことがわかる。

義経は三月二十一日、周防国の在庁官人で船奉行の船所正利《ふなどころまさとし》から、数十艘の船を献上された。周防の在庁官人や武士たちは、一貫して追討軍を支援している。翌二十二日、周防に残留していた三浦義澄を先導役として、義経は壇ノ浦に向けて出立し（『吾妻鏡』）、満珠島《まんじゆしま》にほど近い奥津に到達する。これに対し、平氏軍は豊前国田之浦《たのうら》に陣取った。両軍の間、三十余町（約三・三キロ）。二十四日未明、平氏の運命を懸けた合戦の火蓋《ひぶた》が切って落とされる。

平氏敗北

『吾妻鏡』『平家物語』諸本によると、合戦は午前中に終了したとされる。しかし、義経からの報告を記載した『玉葉』元暦二年四月四日条によると、「午正」に開始されて夕刻には終了したという。史料の性格から判断して、合戦は午後に行われたと考えるべきであろう。いずれにせよ、合戦は半日で終了したことになる。

軍勢についても諸書に異同がある。『吾妻鏡』は平氏軍を五百余艘とし、山峨（山鹿）秀遠・松浦党を大将軍として義経軍に挑みかかったとし（二十四日条）、対する義経の軍勢は八百四十余艘であったとする（四月十一日条）。これに対し、覚一本『平家物語』（巻一一「鶏合　壇浦合戦」）では、平氏の総勢を千余艘とし、先陣の山鹿秀遠が五百余艘、第二陣の松浦党が三百余艘、第三陣に平氏公達が二百余艘とする。対する義経軍は三千余艘という大変な数になっている。なお、『延慶本平家物語』(第六本「壇浦合戦付平家滅亡事」)では、山鹿秀遠二百余艘、田口成良以下四国勢百余艘、公達三百余艘、菊池・原田百余艘の四陣としていることから、原田の参戦を史実として、『吾妻鏡』における芦屋浦合戦の日付を疑う見方もある。

数値には相違があるものの、山鹿秀遠を先頭とした点で、諸書は共通している。この一族は、筑前《ちくぜん》国《のくに》の遠賀川《おんががわ》河口付近にあった山鹿荘《やまがのしょう》を拠点としていたから、関門海峡付近の海路にも精通していたものと考えられる。また、腹心の田口成良でさえも動揺していたことからもわかるように、すでに四国の軍勢はかなり脱落していたとみられる。このため、九州の軍勢に依存する面も強かったと考えられる。こうしたことから、山鹿が先頭に起用されたのであろう。

源氏側の軍勢は、義経が屋島攻撃以来統率してきた渡辺党、そして屋島合戦後に合流した熊野水軍と河野通信などの水軍などであった。『吾妻鏡』によると、周防に残留していた三浦義澄が先導役として加わっており、一部の東国武士も義経軍に合流したとみられる(三月二十二日条)。しかし、水軍の中心が西国武士であったことはいうまでもない。彼らは水上戦闘に熟達していた上に、伊予の河野や周防の軍勢などは、付近の地理にも通じていた。しかも、先述した渡辺党、平氏方に父を殺された河野通信など、平氏に対する敵愾心も旺盛であった。このような義経軍は、同じ追討軍とはいえ、義仲軍のような水上戦闘に不慣れで、地理不案内の軍勢とは全く異なっていたのである。

『平家物語』(同前)には和田義盛の遠矢の逸話などもあり、東国武士が陸上を固めていたことがうかがわれる。東国武士は脇役に回った形ではあり、不満を持った者もいたと思われるが、彼らは海上戦闘を不得手としていたので、止むを得なかったのではないだろうか。ただ沖合の合戦であれば陸上からの矢は届かないが、狭い関門海峡が戦場になった場合には、陸上からの攻撃も有効となる。平氏を追い詰める上で、義経軍と連携していたことがわかる。まさに源氏側は万全の態勢で合戦に臨んだことになる。

『平家物語』(同前)によると、開戦当初は先頭にたった山鹿軍の強弓もあって平氏軍が優勢であったとされるが、戦況は次第に源氏優位に転じていった。同書では田口成良の裏切りによって、唐船を要人の乗船にみせかけ、源氏をおびき寄せようとする平氏側の作戦が漏洩したことを大きな敗因とする。このほか、勝敗を決定した要因として、潮流の変化を重視する議論などもあるのはよく知られている。

種々の事情があるにせよ、最終的に勝敗を決したのは、やはり兵力の差と見るほかはない。しかも、瀬戸内海周辺も源氏側に支配されており、もはや平氏を頼る武士団は限られたものでしかなかった。源氏有利となれば、田口成良をはじめ、四国・鎮西の者たちが相次いで源氏側に寝返ったのも当然のことといえる。なお、源氏側は平氏側の水手《かこ》・梶取《かじとり》など、非戦闘員を殺害しているが、これは合戦の勝敗が決してから平氏の兵船に乗り込んだ武士が行ったことで、勝敗の帰趨を決めたわけではない。

夕刻には勝敗は決し、源氏の軍勢が一斉に安徳天皇の乗船に迫ることになる。

戦闘の果てに

敗戦により、かねての覚悟通り二位尼平時子は、宝剣・神璽《しんじ》という神器と、安徳天皇とともに入水した。後述するように神鏡は時忠が守り、神璽は回収されるが、宝剣は水没し永久に失われることになったのである。時子は、後白河や頼朝が希求した安徳の身柄や神器の奪回を阻止したことになる。武門平氏としての最後の反撃であったといえる。そして、宝剣の紛失は、やがて承久の乱において、後白河が擁立した後鳥羽の王権が崩壊する遠因ともなるのである。

なお、『平家物語』巻第一一「先帝身投」は、時子が宝剣・神璽・天皇とともに入水したとするのに対し、『吾妻鏡』は安徳を女房按察《あぜ》使局《ちのつぼね》が抱いて入水したとする相違がある。また『愚管抄』（巻第五「安徳・後鳥羽」）は、時子が天皇を抱き、神璽・宝剣とともに入水したとし、「ユヽシカリケル（立派な）女房」と賛嘆している。

平氏の究極的な目的は、安徳天皇の正統王権の再建にあった。

58—関門海峡（山口県下関市）

しかし、今やそれが源氏の武力の前に不可能となったのである。後述するように、脱出は不可能ではなかったかもしれない。しかし、辺境に逃れて潜伏しても、正統王権の復活にはならないのである。むろん、降伏は後白河と後鳥羽による王権を容認し、その保護下に入ることを意味した。平氏を再三苦しめた後白河、神器なき非正統の天皇後鳥羽。平氏の家長にして総帥というべき時子に、彼らを容認できるわけがなかった。正統王権を象徴する神器とともに、滅亡することが唯一の選択肢だったのである。

天皇の入水を見て、武門平氏の面々も次々と入水した。遺骸を水没させるのは、斬首・獄門の屈辱を回避するためである。彼らは、軍事的敗北を喫し、王権崩壊の原因を作っただけに、安徳の王権に殉ずるのは当然であった。ただ、軍事的な総帥であった宗盛のみが、息子清宗とともに生け捕られたことには、昔からさまざまな議論がある。息子を失った知盛をはじめとする一門と、息子が健在である宗盛との立場の相違に留意した日下力氏の指摘には親近感を覚える。

また忘れてならないのは、入水の苦痛もさることながら、宗盛にとって捕虜となったあとの日々が安穏であろうはずがないという点である。彼が、頼朝の前に屈伏するという屈辱の果てに、斬首・獄門が待ち構えていたことを知らないはずはない。彼は、あえて荊《いばら》の道を選び、生きて後白河と頼朝に思いを述べたかったのではないだろうか。しかし、その言葉は伝わらず、『平家物語』そして『吾妻鏡』は、彼の生存を臆病の所産として、戯画《ぎが》化したのみであった。

経盛・教盛兄弟が陸上で出家し、再度船に戻って入水したように、平氏にとって脱出も可能であった。事実、侍大将である平盛嗣《もりつぐ》・忠光《ただみつ》らは戦場を脱出し、頼朝に対する報復の機会をうかがうことになる。王権に直接奉仕するわけではない彼らは、安徳に殉ずることはなかった。むしろ、武士の本領ともいうべき自力救済の世界で、主君の仇討ちを果たそうとしたのである。

同じ平氏でも、時子の実家公家平氏の対応は全く異なっていた。時子の弟平時忠は、武士の乱入を制止して神鏡を収めた内侍所を擁護し、その無事返還を実現した。海上から回収された神璽とともに、神鏡は帰京することになる。時忠はこの功績により免罪を主張したのである。元来、都落ちに際し神器を奪って携行したのが時忠であったから、神器の返還が彼の免罪につながるわけがない。

しかし、帰京後も時忠は、娘を用いて義経を籠絡《ろうらく》し、配流の命令にも従わなかった。時忠が配流さ

59 ── 公家平氏系図

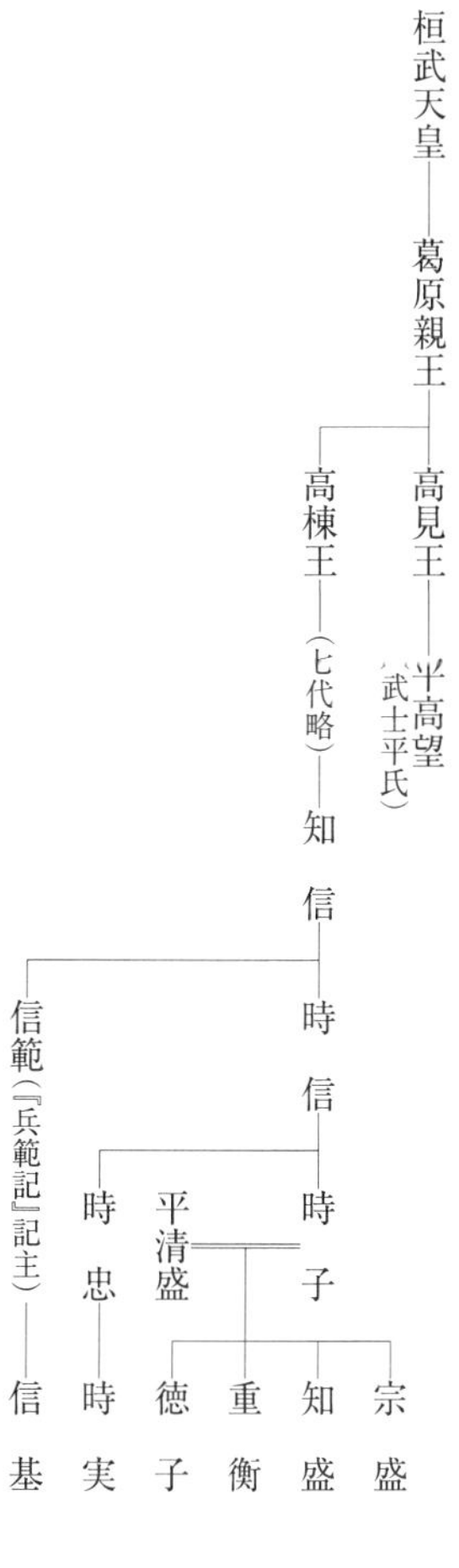

れたあとも、息子時実《ときざね》は義経のもとに止まり、挙兵に参戦するに至った。結局、彼も遭難して捕らわれ、配流を余儀なくされたのである。自身の武力はないものの、義経を巧みに利用して、自身の免罪と、頼朝への報復を図ったことになる。これも、平氏一門反撃の一形態といえよう。

時忠一門の没落後、頼朝を狙った忠光らも、追捕されて仇討ちが実現することはなかった。その後も、平氏一門の血筋は残るものの、武門として、源氏に対抗する動きは消滅することになる。かくして、平氏は完全に敗北したのである。

海に消えた王権と武門　エピローグ

平家家紋

かくて、平氏は滅亡した。清盛が平治の乱に勝利をおさめて、武門の頂点に立ってから四半世紀余り、治承三年政変で清盛が独裁的権力を掌握してからわずか五年余りのことであった。むろん、内乱で敗北した一因は、清盛の死去や西国における大飢饉など、偶発的な要因も皆無ではない。しかし、急激な権力の増大が、平氏の権力や組織に内在するさまざまな矛盾を激発させて、平氏は劇的な滅亡に追い込まれていったのである。

その要因の一つは、平氏が王権を通した「かり武者」の動員に依存する面が強かったことである。独自の家人組織を拡大することができず、家人と「かり武者」の対立を解消できなかったことが、内乱の一因ともなり、多くの武士の離反を招くことにもなったのである。

そして、大規模な武士動員には、院・天皇の命令を必要とした。この結果、平氏は王権から相対的に独立した鎌倉幕府とは、大きく異なる組織となったのである。後白河との対立は、重盛ら小松殿一門と時子を中心とした一門との分裂、さらには清盛の意に反した大規模な武士動員をもたらしかねない事態を生んだ。一体の王権を求めて、清盛は治承三年政変を敢行し、朝廷を改変したのである。

しかし、こうした強引な行動が、清盛が擁立した王権の正当性に対する疑問をもたらし、家人と非家人という地方武士相互の対立とあいまって、大規模な内乱を惹起することになる。これに対処すべく、内乱鎮圧体制を構築して渾身の闘いを続ける最中、清盛は急死する。彼の後継者宗盛には、清盛の事業を継続する器量はなかった。

おりしも西国を襲った飢饉の中、食料供給源である北陸を占拠した源義仲に対し、平氏は大規模な遠征を行うが、惨敗、京を追われることになる。その時、後白河が平氏一門を見限って京に残ったため、平氏は正当性を失うとともに、頼盛・小松殿一門といった後白河に近い一門の分裂を招いたのである。

平氏は屋島を拠点に再起し、地元武士を組織した地域権力となる。しかし、それは義仲と頼朝との対立など、追討軍の弱体がもたらした一時的現象であった。一ノ谷合戦で敗退した平氏は、屋島を追われ、壇ノ浦合戦で滅亡の運命をたどるのである。

平氏は、ある意味で、最後まで院政期的な武士団の構造を払拭できなかったといえよう。しかし、王権に依存する軍事動員という問題を抱え込んだがゆえに、清盛は新たな公武一体の権力を構想したが、それは実現することはなかった。

また、都落ちした平氏は賊軍に転落するが、田口氏をはじめとする豪族の支援を受けて、屋島を拠点とする地域権力に変身を遂げることになる。都落ちにもかかわらず、平氏がさらに二年の命脈を保ったのは、地域権力としての基盤を有したためである。そして、平氏は瀬戸内海で源氏との合戦を繰り広げた。

しかし、時すでに遅し。華やかで悲哀に満ちた合戦譚《かっせんたん》を残しながら、平氏は義経をはじめとする頼朝軍の攻撃の前に滅亡するのである。

あとがき

栄光の頂点から奈落の底へ。平氏の運命を一言でいえば、このようになる。平清盛が治承三年（一一七九）十一月に後白河院を幽閉して独裁政権を構築してから、元暦二年（一一八五）三月に平氏一門が壇ノ浦合戦で悲劇的な滅亡を遂げるまで、わずかに五年余りに過ぎない。平氏はなぜ、かくも劇的に滅亡したのか。

日本史上、最も注目を集めてきた敗者の一つが、平氏であり、その背景にはあまりに劇的な運命とともに、平氏滅亡を美しく描いた『平家物語』があったことはいうまでもないだろう。本書の冒頭に掲載したように、『平家物語』は平氏の文弱・臆病を強調し、勇猛な源氏の前に敗北することを必然としたのである。

しかし、近年、『平家物語』の叙述における文学的な虚構、作為に関する分析が進んできた。この結果、同書が説くような、平氏滅亡を必然とする歴史観は次第に克服されてきたのである。たしかに、源頼朝や義仲の軍勢に平氏が敗北したことは否定できない。しかし、ふりかえれば、平氏はつねに弱体だったわけではない。

平氏は、一度は源氏を打倒し、ついには政権の座にもついたのである。平清盛は平治の乱で藤原信頼・源義朝を倒し、摂政藤原基実の死去を機に摂関家を乗っ取り、治承三年政変で治天の君後白河院を幽閉し、最大の荘園領主八条院の支援を受けた以仁王の挙兵を退け、さらには南都寺院をも焼き払った。清盛は、既存のあらゆる権門に勝利したのである。その平氏がなぜ短期間で滅亡しなければならなかったのか。

むろん平清盛の死去や、後継者宗盛の力量不足も否めないであろう。しかし、都落ちのあとでも、平氏は源氏の追討軍を打ち破り、一時は福原を奪回して再上洛をうかがう動きを見せたのである。

平氏に関する研究は長足で進歩している。先述のように、貴族化して弱体化したことが平氏の敗因とするような見方は、さすがにほぼ超克されたといえる。逆に鎌倉幕府との同一性を強調する見解が登場するなど、幕府との差異の有無も大きな問題となっている。それだけに、平氏敗北の原因は単純に説明できるものではなく、個々の局面ごとに多面的な分析が必要となった。

多くの先行研究に学びながら、平氏敗亡の過程について、院政期における平氏軍制や一門の構造の特質と脆弱さ、平氏の勝利とその限界・弱点、そして内乱以降の目まぐるしい事態の展開と平氏の対応とを、時間を追って総合的に描いてみたのが本書である。

敗北には必然的な要因もある。しかし、勝敗には偶然も密接に関係してくる。必然・偶然を織りまぜながら、どこまで平氏滅亡の実態に迫ることができたのか。またすぐれた先行研究を凌駕することができたのか。その成否については読者のご判断にお任せするほかはない。ただ、本書で投じた一石が、今後の平氏や鎌倉幕府成立期の研究に多少でも役立つことがあれば、望外の幸せである。

本書執筆のきっかけは、一昨年、企画編集委員の関幸彦氏から執筆依頼のお電話を頂いたことにある。おりしも、当時は大河ドラマの関係で清盛が話題となっており、いくつかの原稿を執筆していたが、源平争乱における平氏の敗北を正面から取り上げる企画はこの書物が初めてであった。それだけにやりがいがある仕事と考え、お引受けした次第である。機会をお与え頂いたことに心より感謝する。また、本書作成に際し、下読みなどをお願いした坂口太郎、岩田慎平、山岡瞳の諸氏に厚くお礼を申し上げる。そして、いつも私を支えてくれる家族に謝辞を呈することをお許し頂きたい。

二〇一二年十二月

元木泰雄

参考文献（主なもののみ掲載）

史料

『台記』（史料纂集・続群書類従完成会、増補史料大成・臨川書店）
『宇槐記抄』（増補史料大成・臨川書店）
『兵範記』（陽明叢書『人車記』・京都大学史料叢書『兵範記』・思文閣出版）
〃（増補史料大成・臨川書店）
『山槐記』（増補史料大成・臨川書店）
『玉葉』（図書寮叢刊・明治書院）
『吉記』（『新訂吉記』・和泉書院）
『顕広王記』（髙橋昌明・樋口健太郎編「国立歴史民俗博物館蔵『顕広王記』承安四年・安元二年・安元三年・治承二年巻」〔『国立歴史民俗博物館研究報告』第一五三集、二〇〇九年〕）
『愚昧記』（大日本古記録『愚昧記上』・東京大学出版会、髙橋昌明・森田竜雄編「『愚昧記』安元三年（治承元）春夏記の翻刻と注釈（下）」・神戸大学大学院文化学研究科『文化學年報』第二三号、二〇〇四年）
『官職秘抄』（『群書類従』・続群書類従完成会）

『大夫尉源義経畏申記』（『群書類従』・続群書類従完成会）
『百練抄』（新訂増補国史大系・吉川弘文館）
『尊卑分脈』（新訂増補国史大系・吉川弘文館）
『公卿補任』（新訂増補国史大系・吉川弘文館）
『愚管抄』（日本古典文学大系・岩波書店）
『保元物語』（新日本古典文学大系『保元物語　平治物語　承久記』・岩波書店）
『平治物語』（新日本古典文学大系『保元物語　平治物語　承久記』・岩波書店）
『平家物語』（新日本古典文学大系・岩波書店）
延慶本『平家物語』（勉誠社）
『古事談』『続古事談』（新日本古典文学大系『古事談』『続古事談』・岩波書店）

著　書

浅香年木『治承・寿永内乱論序説　北陸の古代と中世二』（法政大学出版会、一九八一年）
上横手雅敬『日本中世政治史研究』（塙書房、一九七〇年）
同『平家物語の虚構と真実』上・下（塙書房、一九八五年、初出は一九七三年）
同『源平の盛衰』（講談社、一九九七年、初出は一九六九年）
大山喬平『日本の歴史9　鎌倉幕府』（小学館、一九七四年）

川合　康『鎌倉幕府成立史の研究』（校倉書房、二〇〇四年）
同　『日本中世の歴史3　源平の内乱と公武政権』（吉川弘文館、二〇〇九年）
同　『源平合戦の虚像を剝ぐ　治承寿永内乱史研究』（講談社、二〇一〇年、初出は一九九六年）
日下　力『平治物語の成立と展開』（汲古書院、一九九七年）
同　『平家物語の誕生』（岩波書店、二〇〇一年）
新修神戸市史編集委員会編『新修神戸市史　歴史編Ⅱ　古代・中世』（神戸市、二〇一〇年）
古代學協会編『後白河院　動乱期の天皇』（吉川弘文館、一九九三年）
五味文彦『人物叢書　平清盛』（吉川弘文館、一九九九年）
同　『平家物語、史と説話』（平凡社、二〇一一年、初出は一九八七年）
米谷豊之祐『院政期軍事・警察史拾遺』（近代文芸社、一九九三年）
近藤好和『源義経　後代の佳名を貽す者か』（ミネルヴァ書房、二〇〇五年）
髙橋昌明『増補改訂　清盛以前』（平凡社、二〇一一年、初出は一九八四年）
同　『平清盛　福原の夢』（講談社、二〇〇七年）
同　『平家の群像　物語から史実へ』（岩波新書、二〇〇九年）
髙橋典幸『源頼朝　東国を選んだ武家の貴公子』（山川書店、二〇一〇年）
田中　稔『鎌倉幕府御家人制度の研究』（吉川弘文館、一九九一年）
谷　昇『後鳥羽院政の展開と儀礼』（思文閣出版、二〇一〇年）

角田文衞『王朝の明暗』（東京堂出版、一九七七年）
同『平家後抄　落日後の平家』（講談社、二〇〇〇年、初出は一九七八年）
野口　実『坂東武士団の成立と発展』（弘生書林、一九八二年）
同『中世東国武士団の研究』（高科書店、一九九四年）
同『源氏と坂東武士』（吉川弘文館、二〇〇七年）
同『武門源氏の血脈』（中央公論新社、二〇一二年）
早川厚一『平家物語を読む　成立の謎をさぐる』（和泉書院、二〇〇〇年）
樋口健太郎『中世摂関家の家と権力』（校倉書房、二〇一一年）
菱沼一憲『源義経の合戦と戦略　その伝説と実像』（角川書店、二〇〇五年）
美川　圭『院政の研究』（臨川書店、一九九六年）
同『院政　もう一つの天皇制』（中央公論新社、二〇〇六年）
元木泰雄『院政期政治史研究』（思文閣出版、一九九六年）
同『源義経』（吉川弘文館、二〇〇七年）
同『河内源氏　頼朝を生んだ武士本流』（中央公論新社、二〇一一年）
同『平清盛の闘い　幻の中世国家』（角川学芸出版、二〇一一年、初出は二〇〇一年）
同『平清盛と後白河院』（角川学芸出版、二〇一二年）
同『保元・平治の乱　平清盛勝利への道』（角川学芸出版、二〇一二年、初出は二〇〇四年）

同　編『日本の時代史7　院政の展開と内乱』（吉川弘文館、二〇〇二年）
安田元久『平家の群像』（塙書房、一九六七年）
同『人物叢書　後白河上皇』（吉川弘文館、一九八六年）
歴史資料ネットワーク編『地域社会からみた「源平合戦」　福原京と生田森・一の谷合戦』（岩田書院、二〇〇七年）
なお受領の任免については、菊地紳一・宮崎康充編「国司一覧」（『日本史総覧Ⅱ　古代二・中世一』新人物往来社、一九八四年）および宮崎康充編『国司補任　第五』（続群書類従完成会、一九九一年）によった。

論　文

生駒孝臣「平安末・鎌倉初期における畿内武士の成立と展開　摂津渡辺党の成立過程から」（『古代文化』六三巻二号、二〇一一年）
岩田慎平「小鹿島橘氏の治承・寿永内乱　鎌倉幕府成立史に寄せて」（『紫苑』八号、二〇一〇年）
上横手雅敬「院政期の源氏」（御家人制研究会編『御家人制の研究』吉川弘文館、一九八一年）
同「小松殿の公達について」（安藤精一先生退官記念会編『和歌山地方史の研究』宇治書店、一九八七年）
同「平氏政権の諸段階」（安田元久先生退任記念論集刊行委員会編『中世日本の諸相』吉川弘文館、一九八九年）

木村真美子「中世の院御厩司について　西園寺家所蔵「御厩司次第」を手がかりに」（『学習院大学史料館紀要』一〇号、一九九九年）
五味文彦「平氏軍制の諸段階」（『史学雑誌』八八巻八号、一九七九年）
佐伯智広「二条親政の成立」（『日本史研究』五〇五号、二〇〇四年）
高田　実「平氏政権論序説」（『日本史研究』九〇号、一九六七年）
長村祥知「源行家の軌跡」（『ｉｉｃｈｉｋｏ』一一〇号、二〇一一年）
西村　隆「平氏「家人」表　平氏家人研究への基礎作業」（『日本史論叢』第一〇輯、一九八三年）
同　「平家と瀬戸内の武士」（『芸備地方史研究』第二八二、二八三号、二〇一二年）
野口　実「平清盛と東国武士　富士・鹿島社参詣計画を中心に」（『立命館文学』六二四号）
同　「平家と瀬戸内の武士」（『芸備地方史研究』第二八二、二八三号、二〇一二年）
宮田敬三「元暦西海合戦試論　「範頼苦戦と義経出陣」論の再検討」（『立命館文学』五五四号、一九九八年）
同　「都落ち後の平氏と後白河院―西海合戦の政治史的意味」（『年報中世史研究』二四号、一九九九年）
村石正行「治承・寿永の内乱における木曽義仲・信濃武士と地域間ネットワーク」（『長野県立歴史館紀要』一六号、二〇一〇年）
元木泰雄「頼朝軍の上洛」（上横手雅敬編『中世公武権力の構造と展開』吉川弘文館、二〇〇一年）
同　「源義朝論」（『古代文化』五四巻六号、二〇〇二年）

同　「福原遷都の周辺」（『兵庫のしおり』四号、二〇〇二年）
同　「福原遷都と平氏政権」（『古代文化』五七巻四号、二〇〇五年）
同　「藤原成親と平氏」（『立命館文学』六〇五号、二〇〇八年）
同　「平重盛論」（朧谷寿・山中章編『平安京とその時代』思文閣出版、二〇〇九年）

伊勢平氏系図（高橋昌明氏『増補改訂 清盛以前 伊勢平氏の興隆』を参照した）

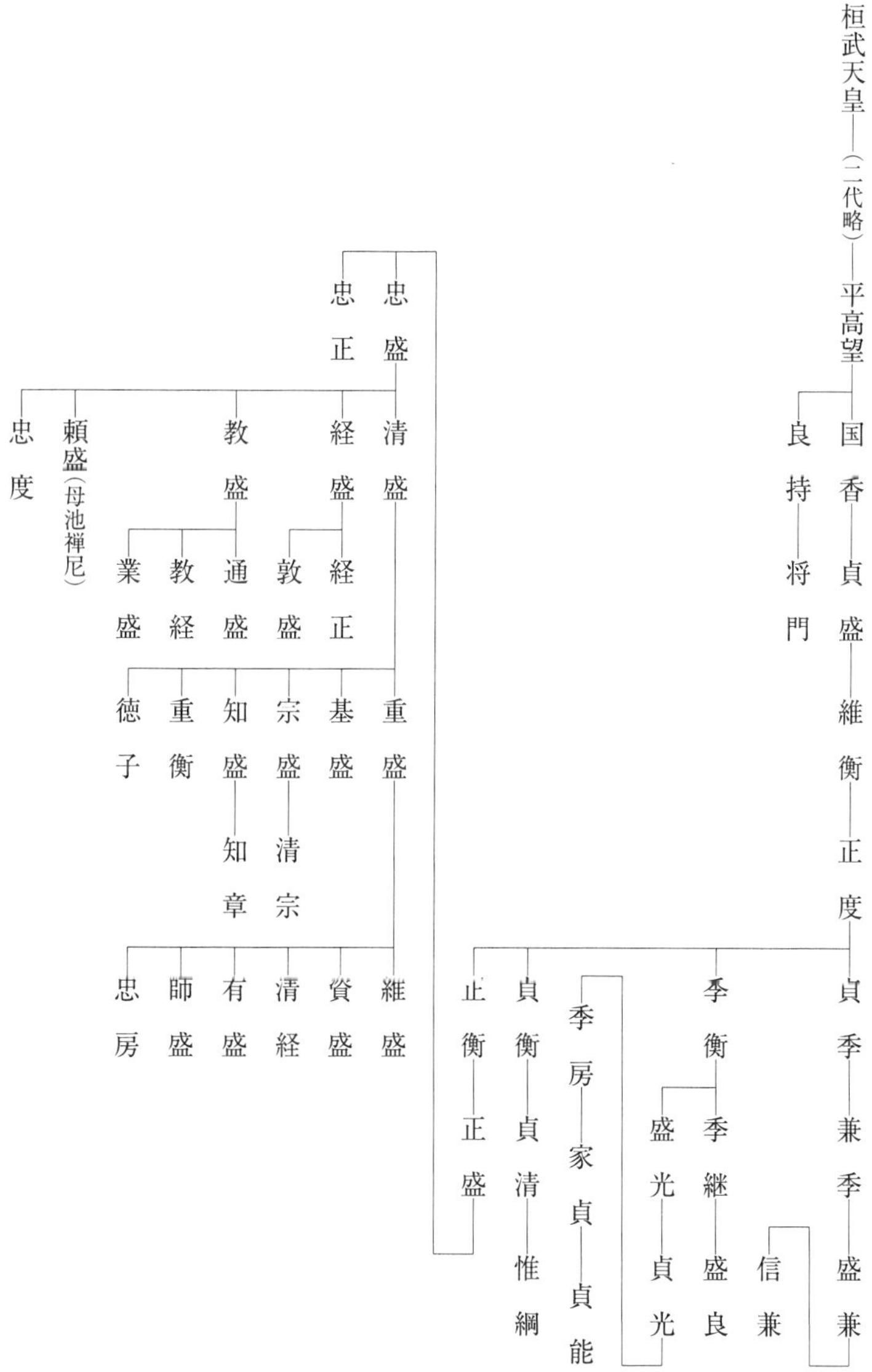

河内源氏系図

源経基―満仲
- 頼光（摂津源氏）―頼国
  - 頼綱―仲政―頼政―仲綱
  - 国房（美濃源氏）―光国―光保
- 頼親（大和源氏）
- 頼信（河内源氏）―頼義―義家
  - 義親―為義
    - 義朝
      - 義平
      - 義朝
      - 範頼
      - 義経
    - 義賢
      - 仲家
      - 義仲
    - 義広（義憲）
    - 頼賢
    - 為朝
    - 行家
  - 義国
    - 義重（新田）
    - 義康（足利）

摂関家系図

藤原道長―頼通―師実―師通―忠実
- 忠通
  - 基実―基通（近衛）
  - 基房―師家（松殿）
  - 兼実（九条家）
- 頼長

平氏・天皇家関係系図

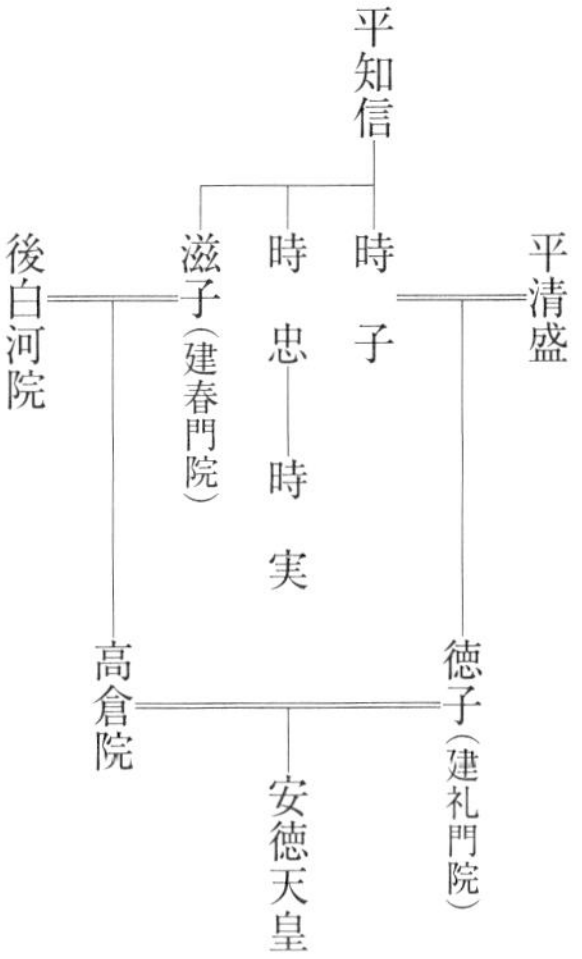

天皇家系図

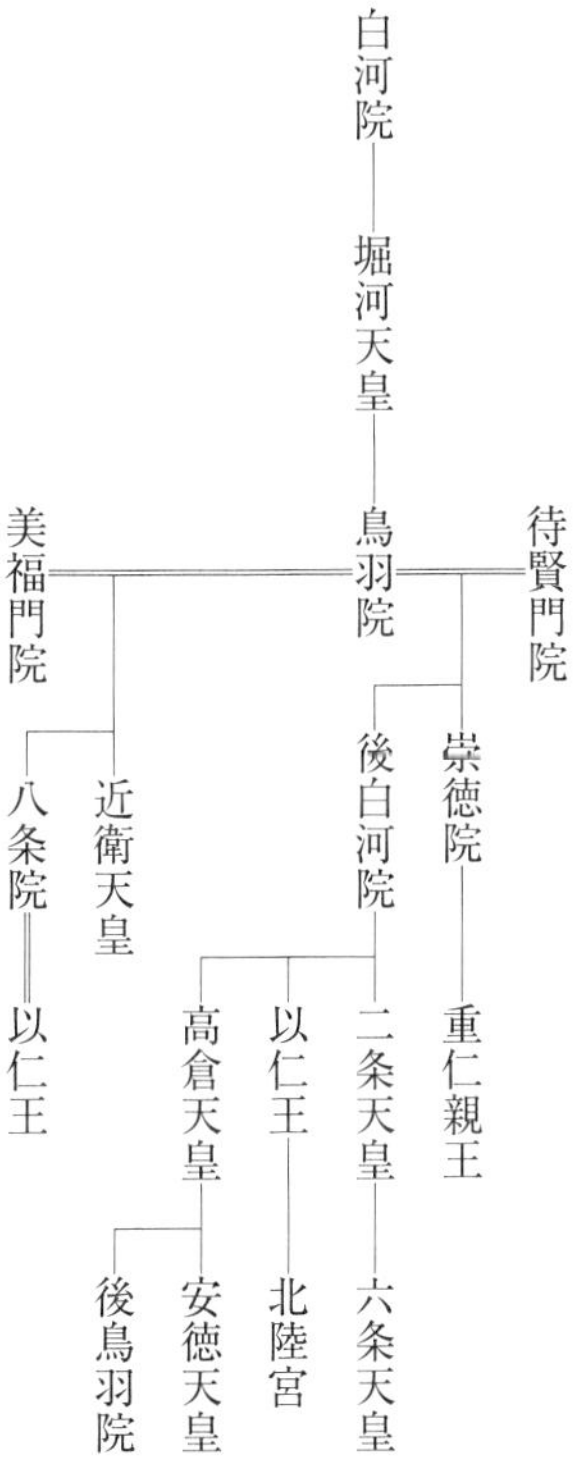

略　年　表

西暦	和暦	事　　　　　　項
1108	嘉承3	1.6 平正盛，出雲で反乱を起こした源義親を討伐.
1113	天永4	3.14 平忠盛，盗賊を捕らえた功により従五位下となる. 4.29 興福寺・延暦寺僧徒の入京を防ぐため，平正盛らを宇治に派遣.
1119	元永2	12.27 正盛，肥前国の平直澄を討伐.
1120	3	1.6 正盛，従四位下となる.
1123	保安4	1.28 鳥羽天皇譲位，顕仁親王（崇徳天皇）受禅. 2.19 崇徳天皇即位. 7.18 忠盛・源為義ら，延暦寺僧徒を撃退.
1129	大治4	7.7 白河法皇没，鳥羽院政開始.
1132	天承2	3.13 忠盛，得長寿院を白河に建立し伊勢平氏初の昇殿を許される.
1135	保延元	忠盛，6月以前に海賊の首領らを捕らえる. 8.19 捕らえた海賊を検非違使に渡す. 8.21 清盛，従四位下となる.
1139	5	3.26 興福寺僧徒の入京を防ぐため，忠盛らを宇治・淀に派遣.
1141	永治元	3.10 鳥羽上皇出家. 12.7 崇徳天皇譲位，体仁親王（近衛天皇）受禅.
1146	久安2	2.1 清盛，正四位下となる.
1153	仁平3	1.15 忠盛没.
1155	久寿2	8.16 源義平，武蔵国大蔵館にて源義賢を殺す. 7.23 近衛天皇没. 雅仁親王（後白河天皇）受禅.
1156	保元元	6.1 崇徳上皇・藤原頼長の挙兵に備え，鳥羽院・後白河天皇警護の武士が動員される. 7.2 鳥羽法皇没. 7.10 崇徳上皇・藤原頼長，源為義らを動員. 後白河天皇，清盛・義朝らを召集. 翌日，清盛ら白河殿の崇徳上皇・頼長を攻撃（保元の乱）. 7.30 為義を斬首.
1158	3	8.11 後白河天皇譲位，守仁親王（二条天皇）受禅.
1159	平治元	12.4 清盛，熊野詣. 12.9 藤原信頼・義朝，後白河上皇の三条殿を急襲し，二条天皇・後白河上皇を内裏に幽閉（平治の乱）. 12.13 信西，斬首される. 12.25 二条天皇，清盛の六波羅第へ脱出. 後白河上皇は仁和寺へ逃れる.

西暦	和暦	事項
		12.26 清盛，六条河原で信頼・義朝を破る．義朝・義平らは東国へ逃亡．
1160	2	1.4 義朝，尾張国で殺害される．2.9 源頼朝，近江国で捕えられる．3.11 頼朝を伊豆へ配流．6.20 清盛，正三位となり，武士として初の公卿となる．
1161	永暦4 （応保元）	9.15 平滋子の子時忠・教盛，後白河上皇皇子の立太子を企てたとし解官．11.29 院近臣藤原信隆・成親らも解官．
1164	長寛2	9.- 平氏一門，厳島神社に法華経などを奉納（平家納経）．12.17 清盛，後白河上皇のために蓮華王院を造営．
1165	3 （永万元）	1.23 清盛，兵部卿となる．6.25 二条天皇譲位，順仁親王（六条天皇），受禅．
1166	2 （仁安元）	7.26 摂政藤原基実没．10.10 後白河上皇の皇子，憲仁親王が皇太子となる．11.11 清盛，内大臣となる．
1167	仁安2	2.11 清盛，太政大臣となる．5.10 後白河上皇，重盛に諸道の賊徒追討を命じる．5.17 清盛，太政大臣を辞任．
1168	3	2.11 清盛出家．2.19 六条天皇譲位，憲仁親王（高倉天皇）受禅．3.20 高倉天皇即位．滋子，皇太后となる．
1169	嘉応元	6.17 後白河上皇出家．12.23 延暦寺僧徒，藤原成親の配流を求め入京し強訴．翌日，成親を備中国へ配流．12.28 後白河院，時忠・叔父の平信範らを奏事不実により配流．成親を配流先より召還．
1170	2	4.21 重盛，権大納言となる．藤原成親，権中納言に還任．
1171	承安元	12.14 清盛の娘徳子，後白河院の猶子として入内．12.26 徳子，女御となる．
1172	承安2	2.10 徳子，中宮となる．9.16 宋より後白河院・清盛に贈物．
1173	3	3.13 後白河院と清盛，宋に返牒として進物を贈る．11.4 南都の僧徒が蜂起，重盛ら僧徒の入京を阻止．11.11 後白河院，興福寺の全荘園を没収．この年，清盛，摂津国に兵庫島を築く．
1174	4	7.- 重盛，右近衛大将となる．
1177	安元3	3.5 重盛，内大臣となる．4.13 延暦寺僧徒，藤原師高・師経の配流を要求し強訴．4.28 安元の大火（太郎焼亡）．5.21 後白河院，天台座主明雲を伊豆へ配流．

西暦	和暦	事　　項
	(治承元)	5.23 延暦寺僧徒，明雲を奪回．6.1 清盛，院近臣を一斉逮捕し西光を斬首（鹿ヶ谷事件）．6.2 藤原成親を備前国へ配流．
1178	治承 2	11.12 徳子，言仁親王（安徳天皇）を生む．
1179	3	6.17 平盛子（藤原基実室）没．7.29 重盛没．10.3 平教盛，延暦寺を攻撃し，近江国の三ヵ荘を焼き払う．10.9 後白河院，関白藤原基房の子師家を権中納言にする．11.14 清盛，福原より上洛．翌日，基房・師家を解官し，娘婿の藤原基通を関白に補任．11.17 清盛，院近臣約 40 名を解官し，後白河院・院近臣の知行国を奪取．11.20 清盛，後白河院を鳥羽殿に幽閉し，院政を停止．
1180	4	2.21 高倉天皇譲位，言仁親王（安徳天皇）受禅．4.9 以仁王，諸国の源氏に清盛追討の令旨を下す．4.22 安徳天皇即位．5.15 以仁王，園城寺へ脱出．5.26 以仁王・源頼政，宇治川で敗死．6.2 安徳天皇ら摂津国福原に行幸．8.17 頼朝，伊豆国で挙兵．8.23 頼朝，石橋山合戦で敗れる．9.7 源（木曽）義仲，信濃国で挙兵．9.10 源（武田）信義，甲斐国で挙兵．10.6 頼朝，鎌倉に入る．10.20 平維盛軍，富士川合戦にて敗退．11.17 尾張・美濃国の源氏が蜂起．11.20 近江国の源氏が蜂起．11.23 安徳天皇ら京へ出発（還都）．12.1 清盛，近江国の源氏追討を開始．12.12 平氏，園城寺を攻撃．12.28 平重衡軍，興福寺・東大寺を攻撃．
1181	治承 5 (養和元)	1.14 高倉院没．1.16 清盛，総官制度を施行．閏 2.4 清盛没．3.10 重衡，尾張国墨俣川で源行家を破る．6.- 義仲，信濃国横田河原にて平（城）資職を破る．8.1 平宗盛，頼朝が密に院に申し入れた和平案を拒否．8.14 義仲追討のため，平経正・通盛を北陸へ派遣．8.15 宗盛，源氏追討のため藤原秀衡を陸奥守，資職を越後守に任命．9.6 通盛，越前国で反乱軍に敗れる．
1182	養和 2 (寿永元)	2.25 教盛，義仲追討のため北陸に向かう．9.14 院宣により，追討使派遣を停止する．10.3 宗盛，内大臣となる．
1183	寿永 2	4.17 義仲追討のため，平維盛ら北陸へ向かう．5.11 維盛，越中国倶利伽羅峠で義仲に敗れる．6.1 平氏軍，加賀国篠原にて義仲軍に敗れる．7.22 義仲，延暦寺に到着．7.25 後白河院，密かに延暦寺に御幸．平氏，安徳

西暦	和暦	事　　　　項
		天皇・三種の神器とともに大宰府に向かう（都落ち）. 7.28 義仲入京. 後白河院, 義仲に平氏追討を命じる. 8.6 平氏一門を解官. 8.20 院宣により, 尊成親王（後鳥羽天皇）践祚. 10.14 後白河院, 頼朝に東海・東山道の軍事警察権を与える（寿永二年十月宣旨）. 10.20 平氏, 緒方維義の攻撃を受け大宰府より長門国に向かう. 閏10.1 知盛・教盛, 備中国水島で義仲軍を破る. 閏10.- 宗盛, 讃岐国屋島に内裏を築く. 11.19 義仲, 後白河院の法住寺殿を攻撃. 11.28 教盛・重衡, 播磨国室山で行家軍を破る.
1184	3 （元暦元）	1.20 源範頼・義経, 瀬田・宇治で義仲軍を破り入京. 義仲, 近江国粟津で敗死. 1.22 後白河院, 頼朝に平氏追討の院宣を下す. 1.26 平氏, 福原に上陸. 2.7 平氏, 一ノ谷で範頼・義経に破れ, 屋島に逃れる. 7.28 後鳥羽天皇即位. 7.- 伊賀・伊勢国の平氏が蜂起. 8.8 範頼, 平氏追討のため西国に向かう.
1185	元暦 2 （文治元）	1.10 義経, 平氏追討のため西国に向かう. 2.18 平氏, 屋島で義経軍に破れる. 3.24 平氏, 長門国壇ノ浦で義経軍に敗れ滅亡. 安徳天皇入水.

著者略歴

一九五四年　兵庫県に生まれる
一九八三年　京都大学大学院文学研究科博士課程指導認定退学
一九九五年　京都大学博士（文学）
現　在　京都大学大学院人間・環境学研究科教授

〔主要著書〕
『日本の時代史7　院政の展開と内乱』（編著、吉川弘文館、二〇〇二年）
『源義経』（吉川弘文館、二〇〇七年）
『河内源氏　頼朝を生んだ武士本流』（中央公論新社、二〇一一年）
『平清盛と後白河院』（角川学芸出版、二〇一二年）
『保元・平治の乱　平清盛　勝利への道』（角川学芸出版、二〇一二年）

敗者の日本史5

治承・寿永の内乱と平氏

二〇一三年（平成二十五）四月一日　第一刷発行

著　者　元木《もとき》泰雄《やすお》

発行者　前田求恭

発行所　株式会社　吉川弘文館
郵便番号一一三―〇〇三三
東京都文京区本郷七丁目二番八号
電話〇三―三八一三―九一五一〈代表〉
振替口座〇〇一〇〇―五―二四四
http://www.yoshikawa-k.co.jp/

印刷＝株式会社　三秀舎
製本＝誠製本株式会社
装幀＝清水良洋・大胡田友紀

ISBN978-4-642-06451-4

敗者の日本史

刊行にあたって

現代日本は経済的な格差が大きくなり、勝ち組と負け組がはっきりとした社会になったといわれ、格差是正は政治の喫緊の課題として声高に叫ばれています。

しかし、歴史をみていくと、その尺度は異なるものの、どの時代にも政争や戦乱、個対個などのさまざまな場面で、いずれ勝者と敗者となる者たちがしのぎを削っていました。歴史の結果からは、ややもすると勝者は時代を切り開く力を飛躍的に伸ばし、敗者は旧体制を背負っていたがために必然的に敗れさった、という二項対立的な見方がなされることがあります。はたして歴史の実際は、そのように善悪・明暗・正反というように対置されるのでしょうか。敗者は旧態依然とした体質が問題とされますが、彼らには勝利への展望はなかったのでしょうか。敗者にも時代への適応を図り、質的変換への懸命な努力があったはずです。現在から振り返り導き出された敗因ではなく、多様な選択肢が消去されたための敗北として捉えることはできないでしょうか。最終的には敗者となったにせよ、敗者の教訓からは、歴史の「必然」だけではなく、これまでの歴史の見方とは違う、豊かな歴史像を描き出すことで、歴史の面白さを伝えることができると考えています。

また、敗北を境として勝者の政治や社会に、敗者の果たした意義や価値観などが変化しながらも受け継がれていくことがあったと思われます。それがどのようなものであるのかを明らかにし、勝者の歴史像にはみられない日本史の姿を、本シリーズでは描いていきたいと存じます。

二〇一二年九月

吉川弘文館

敗者の日本史

①大化改新と蘇我氏　遠山美都男著
②奈良朝の政変と道鏡　瀧浪貞子著　二七三〇円
③摂関政治と菅原道真　今　正秀著
④古代日本の勝者と敗者　荒木敏夫著
⑤治承・寿永の内乱と平氏　元木泰雄著　二七三〇円
⑥承久の乱と後鳥羽院　関　幸彦著　二七三〇円
⑦鎌倉幕府滅亡と北条氏一族　秋山哲雄著　（次回配本）
⑧享徳の乱と太田道灌　山田邦明著
⑨長篠合戦と武田勝頼　平山　優著
⑩小田原合戦と北条氏　黒田基樹著　二七三〇円

⑪中世日本の勝者と敗者　鍛代敏雄著
⑫関ヶ原合戦と石田三成　矢部健太郎著
⑬大坂の陣と豊臣秀頼　曽根勇二著
⑭島原の乱とキリシタン　五野井隆史著
⑮赤穂事件と四十六士　山本博文著　二七三〇円
⑯近世日本の勝者と敗者　大石　学著
⑰箱館戦争と榎本武揚　樋口雄彦著　二七三〇円
⑱西南戦争と西郷隆盛　落合弘樹著
⑲二・二六事件と青年将校　筒井清忠著
⑳ポツダム宣言と軍国日本　古川隆久著　二七三〇円

※書名は変更される場合がございます。